人権の精神

——私たちが理解すべきただひとつのこと——

高内寿夫 著

成文堂

はじめに

文章を書く楽しさは、これまで誰も指摘したことのない新しい見方を示すことにあります。文章を読む楽しさは、これまで聞いたこともない新しい世界に触れることです。本書は、おそらくこれまで明確には語られたことのない新しい世界観を提示することを目的とするものです。

現代社会は生きづらい社会と言われます。先の見えない社会です。こうした中、不安で社会に押しつぶされるように感じることはないでしょうか。職場などで大きな疎外感を感じることはないでしょうか。この本は、そのように感じている人にぜひ読んでもらいたいと思っています。

この社会で生きづらさを感じる理由のひとつは、世界の見方に問題があるからだと言ったらどう思われるでしょうか。そんな高尚なことで悩んでいるのではないとお叱りを受けるかもしれません。本書は、ほとんどの現代人が有している、世界についての強烈な誤解・偏見を指摘しています。この誤解から解放されれば、人生はより生きやすいものになるはずです。結論を少し先取りしますと、世界に関する誤解とは、「この世界は自分とは関係なく客観的に存在している」という誤解です。

第3部をはじめて読まれると、読み進めるのに困難を感じるかもしれません。あまりにも常識とかけ離れた考え方を述べているので、脳が拒絶反応を起こすからです。しかし、その拒絶反応は、本書で述べられている内容の荒唐無稽さに由来するものではなく、現代人が抱いている誤った世界観の強固さに由来するものです。本書で提示する世界観は、臨死体験者の語る世界と同じものなので、臨死体験者の語る世界に共感を抱く人には、あまり違和感はないと思います。拒絶反応が出たとしても、何かしらの興味をもったら、ぜひ何度かに分けて読み進めてください。この考え方に賛同しないとしても、世界に関する新しい見方があるということは知ってもらえると思います。

ところで、本書は、表題を『人権の精神』としているとおり、全体として、人権についての考察を行っています。これは、本書執筆のもともとの動機が、人権についての私見をまとめたいというところから始まっているからです。私は、元来、刑事法の研究者で、これまで被疑者・被告人の人権、子どもの人権、被害者の人権などを研究対象としてきました。ですから、本書の構成は、まず「人権とは何か」を考察し、次に、その基底にある「人間の尊厳性」について検討し、そして最後に、人間の尊厳性のさらに根源にある世界観について述べるという構成になっています。

本書の成り立ちについて簡単に説明しておきます。きっかけは高等学校での出張授業でした。出張授業では、憲法の基本的人権の尊重について、高校生に分かりやすく説明したいと思って準備をしました。その内容は、「人権のはなし」としてまとめました（白鷗法学第一八号［二〇〇一年］）。人権についてまとめてみると、人権の根源にある人間の尊厳性についてまとめる必要性を感じ、続いて、「続・人権のはなし」を書きました（白鷗法学一九号［二〇〇二年］）。その後、法科大学院の教員などを経験し、いろいろと考えさせられることもあり、自分の思考がさらに深まりましたので、先にまとめた内容の続きを書きたいと考え、「私たちが理解すべきただひとつのこと」としてまとめました（一部、宇宙超出第七三号［二〇一六年］、第七五号［二〇一七年］に掲載）。最後の部分をまとめてみると、最初の「人権のはなし」の部分が物足りなく感じ、全面的に書き換えることにしました。

こうした経緯で本書は出来上がりました。ですます調になっているのは、本書執筆のきっかけが高校生向けの出張授業だったからですが、同時に、第3部で展開している世界観を、自分自身でもできるだけ噛みくだいてまとめたいという思いがありました。

現代社会の生きづらさの理由はもちろん社会の側にもあります。しかし、より多くは自分の見方、考え方に起因しています。まず、自らの心の中にある偏見を打ち破り、今ある生きづらさから解放されたいという気持ちがあるならば、勇気をもって本書に挑戦してみてください。

追記　本書執筆中の二〇二〇年一〇月四日、私の國學院大學の恩師である澤登俊雄先生が九〇年のご生涯を閉じられました。本書第1部における子どもの人権についての記述は、澤登先生からお教えいただいた少年法の知見から学んだものです。謹んで、ここに記させていただきます。

目次

第3部　私たちが理解すべきただひとつのこと

第1部　人権とは何か

第1章　人権に対する違和感

◇人権批判

人権の意義を考えるにあたり、はじめに、人権という言葉が私たちにとって何かしら他人行儀な、私たちに一種の違和感を与える言葉だという点を指摘したいと思います。

みなさんは人権という言葉にどのような印象を持つでしょうか。人権の尊重は日本国憲法の基本原理のひとつですが、人権という言葉を日常的に用いるには若干躊躇をするのではないでしょうか。また、日本人の中には、人権に対して感覚的な拒絶反応を示す人が多いように思います。それはなぜでしょうか。

まず、人権は個人の利己主義を保護するに過ぎないという批判があります。歴史的に見て、人権の思想は、資本家階級（ブルジョアジー）の利益を守るために作り出されたものであり、当初は人権として所有権が強調されていましたので、この批判はまったくの的外れとは言えません。マルクス（一八一八―一八八三）は、「ユダヤ人問題によせて」の中で、市民社会における人間（homme）は共同体的な結合から切り離されたエゴイスティックな人間であり、自由権の中で実際上の意義を有している私的所有の権利とは利己的人間の権利に過ぎないと批判しています。[1]

次に、人権には伝統や良き風習を否定する傾向がある点が批判されています。人権の考え方はヨーロッパに起源を有するものであり、わが国に導入されたのは明治期以降です。わが国の長い歴史から見れば、人権はほんの一五〇〇年前に外国から輸入された概念です。また、政治的に見れば、人権は旧体制を否定し資本家階級による新しい政治体制を正当化する目的があったので、人権にはどうしても、旧来の伝統文化を否定するニュアンスが付きまといます。

さらに、人権という概念には闘争的性格があり、これは日本人のパーソナリティにそぐわないという批判があります。人権はヨーロッパの歴史風土の中で生まれたものなので、契約の考え方がその根底にあります。とくに国際的な商取引の場面においては、自らの権利主張を明確に行うことが重要であり、私たちから見て闘争的傾向を有することは否めません。

◇ナショナリズムと人権

また、近時の厳しい国際情勢を受けて、このところ全世界的規模で、自国中心主義、ナショナリズムの傾向が強まっています。各国が自国の利益を最優先に考えるようになり、政治家も、自己主張の強いポピュリズム型の政治家がもてはやされています。国際社会の中にあって自国の保全と地位向上を目指した場合、国家には、国力の強化、保護主義、他国に対する断固たる態度などが求められます。[2]

こうした世界情勢の中で人権を主張することは、政治的には弱腰と批判されます。アメリカでも、冷戦のさなかに「人権外交」を推進したカーター大統領は、共和党などから弱腰だという批判を受けました。権力とは、「他人を支配し、服従させる力」です。権力は本来的に個人の自由と対立します。ですから、国際的な見地から国家の力を誇示しようとすれば、人権を尊重すべきという主張はそれに反するものと見られがちです。

◇ 違和感の理由

以上、人権に対する批判をいろいろと述べてきました。私は、人権という言葉が日本人に違和感を与える理由は、上述した批判を背景としながら、人権という概念には次のような特質があるためではないかと考えます。

私たちは本来的に自由です。しかし、自由は、常に、他の者からの侵害を受ける危険性があります。人権という概念は、私たちが元来有している自由が侵害される事態が発生し、侵害の回復を公的機関に訴え、公的機関が自由の侵害を認めて、強制力を含む一定の措置を講ずるという一連の過程の中で立ち現れてくるものです。すなわち、人権は、自己に対する侵害の発生、自己主張、お上の介入という三つの要素が重なったときに現れてくるのです。この三要素は、私たち日本人にとってできるだけ避けたい状況であり、あまり快く感じられないものではないでしょうか。

すなわち、私たちが人権という概念に違和感をおぼえる理由は、人権という概念が、私たちができるならば回避したい状況を想起させるものだからだと思います。

しかし、これから述べていくように、自由の侵害、人権の主張、権力の介入という三要素は、人権とは何かを考える上で最も重要なポイントでもあります。以下では、これらの要素を中心として、人権の問題を考えていきたいと思います。

第2章　人権概念の必要性

◇人権侵害を生み出す社会

このところ、学校におけるいじめ、職場でのハラスメント、ネット上の名誉毀損やプライバシー侵害、家庭や施設における児童虐待・高齢者虐待、社会における性差別・人種差別など、人権侵害に関するニュースを耳にしない日はありません。人権が今日的テーマであるのは、人権侵害が単に個々人のモラルといったレベルの問題ではなく、現代社会のシステムそれ自体に起因する問題だからだと思われます。それでは、現代社会が有する人権侵害の構造とはどのようなものでしょうか。本章では、この点について、いくつかの観点から検討したいと思います。

◇いじめは楽しい

突然ですが、人はなぜいじめをするのでしょうか。いろいろ理由は考えられますが、端的に言って、いじめは楽しいからだと思います。[3] 相手を見下すことによる優越感、自分よりも立場の弱い者がいることの安心感、複数の人間によっていじめることによる高揚感や一体感、他者をコントロールできる全能感などを得られるのがいじめです。いじめが楽しいということは、テレビのバラエティ番組における笑いの多くが、いじめと同じ構造の笑いである点からも理解できます。

内藤朝雄は、『いじめの構造』の中で、いじめが有する他者をコントロールできる全能性について、次のように述べています。「いじめの加害者は、いじめの対象にも、喜びや悲しみがあり、彼（彼女）自身の世界を生きているのだ、ということを承知しているからこそ、その他者の存在をまるごと踏みにじり抹殺しようとする。いじめ加害者は、自己の手によって思いのままに壊されていく被害者の悲痛のなかから、（思いどおりにならないはずの）他者を思いどおりにする全能の自己を生きようとする。[4]」

いじめは、元来、人間の持つ本能だという意見もありますが、私はそれには否定的です。いじめというのは、文明社会が起こってから始まったものであり、とりわけ近代社会、現代社会がもたらした病理だと思います。そして、私たちがいじめを楽しいと思う心情自体も、現代社会の構造が関係するものだと思うのです。

◇　閉鎖空間

まず、いじめやハラスメントについてみれば、元来、人間は、閉鎖された空間または閉鎖された人間関係の中に長時間いることにストレスを感じる生き物であるのに、現代社会ではそれを強要されている点を挙げることができるでしょう。

たとえば学校では、これまで何の縁もなかった同年齢の子どもたちが朝から夕方までひとつのクラスに集められ、学習、食事、清掃、部活動などの生活全体が集団の中で実施されます。こうした閉鎖的空間において、何らかの理由で一定の支配従属関係が形成されると、人は他者に対して残酷な行動をとる傾向がある点が知られています。

スタンフォード大学の心理学教授ジンバルドー（一九三三年-）が一九七一年に実施した有名な実験があります。[5] 二一名の学生に日当を払い、二週間模擬監獄で生活してもらうという実験です。囚人役も看守役も学生であり、看守役が囚人役を逮捕して投獄するというところから始まります。囚人役は、大学の地下に作られた模擬監獄に二週間寝起きをしてもらうということだけ言われており、看守役は囚人の逸脱行動を取り締まれとだけ言われています。一日目は何も起きずに過ぎますが、二日目に驚くべき変化が起こります。囚人役の者たちがバリケードを作って立てこもってしまうのです。これに対して看守役は、バリケードを突破し立てこもっていた囚人役を裸にし、独房に入れてしまいます。そして看守役は、反乱に関与しなかった囚人を特別扱いし、それを反抗した囚人たちに見せつけて、内部分裂が生じるようにします。さらに、看守役の支配的な傾向はエスカレートし、トイレも看守役の気まぐれになり、バケツにするよう強要されます。囚人役の中には情緒障害の兆候があらわれた者も出始めました。そして、予定していた二週間の実験を継続することができなくなり、実験は六日で中止されました。

通常の社会ならば、被害者は加害者から逃げることができますが、学校ではそれも許されません。被害者は、個人として対人距離の調節ができない中で、悪口、シカト、くすくす笑いなどの苦痛を受け続けることになるのです。[6]

そして、閉鎖空間は学校に限られるものではありません。現代社会において、企業の一般的オフィス空間、官公庁、病院など大多数の職場も同様に閉鎖空間または閉鎖された人間関係です。多くの現代人は、一生を通じて、生理的に過度のストレスを強いられる環境に身を置いているのです。

◇　経済的合理性

人権侵害をもたらす現代社会の特徴の二つ目として、現代社会が合理性を追求する社会であるという点を挙げたいと思います。現代社会は資本主義社会と言われています。資本主義とは、生産手段の私的所有（個人が工場や機械を所有すること）を基礎として、利潤・収益の獲得を目的とする経済社会のあり方を述べたものです。[7]資本主義社会では、工場や機械を持つ資本家が、生産手段を持たない労働者を雇うことによって生産が行われます。この場合、労働力もひとつの商品と考えられます。

資本主義は、利潤・収益の追及を行動原理としています。利潤・収益は数値化できるものなので、企業は、利潤・収益を上げるためにできるかぎり効率的に行動しようとします。たとえば、自動車メーカーが新型自動車を開発しようとする場合、ユーザーのニーズにあった安くて品質のよいものを作ろうとします。当然、従業員には、売れる車を開発する能力、それを合理的に生産する能力が求められます。

資本主義社会は効率化を追求する社会です。

こうした社会では、経済的合理性に寄与できるかどうかによって、人間の価値が判断される傾向が生じます。経済的な価値を与えない者は、「社会の役に立たない」として差別されるようになるのです。

◇ 競争社会

また、資本主義の市場経済では、生産物の価格や配分は、主として市場での競争によって決定されます。競争することによってさらに効率化が図られ、生産性が向上していきます。競争があるから価格も下がっていき、顧客のニーズに合った様々なサービスが開発されます。

一方で、企業間の競争は従業員に無理を強いることになります。二〇一五年に、大手広告代理店に勤務する女性が月一〇〇時間を超える残業で過労自殺しました。これに対して、企業出身の大学教授が、これくらいの時間外労働は一般の企業では当たり前で、自殺するのは精神的に弱いからだというツイートをして批判されました。しかし、これは一般的企業人の本音だったと思います。資本主義の市場経済では、企業自体が激しい競争にさらされていますので、企業を支える者は、納期に間に合わせるために、また、他社を出し抜くために、少々無理をして働く必要があるという考え方が蔓延しています。

現代社会は、市場における競争原理を是とし、常に勝者と敗者を生み出し、個人間の経済的格差を広げていく社会です。また、企業の生き残りのためには、個人が切り捨てられ、あるいは個人が一定限度を超えて働くことを甘受しなければならない社会でもあるのです。

◇ 官僚制

さらに、現代社会を特徴付ける概念として、官僚制（bureaucracy）を挙げることができます。官僚制とは、比較的規模の大きくなった組織における管理・支配のシステムです。

官僚制の構造を解明したのはマックス・ウェーバー（一八六四-一九二〇）ですが、彼は、官僚制の基本原則として、①その構成員（官僚）の活動が、職務上の義務として規則に明確に規定されていること、②命令権者の権限も規則で明確に規定され制限されていること、③職務上の義務を規則に従い継続的に遂行するための計画的配慮がなされていることの三つを挙げています。また、ウェーバーは、正統的支配の理念型として、合法的支配、伝統的支配、カリスマ的支配の三つを挙げており、このうち、合法的支配の最も純粋な形態として官僚制を位置付けています。[8]

一方、行き過ぎた官僚制がもたらす弊害を論じたのは、アメリカの社会学者マートン（一九一〇-二〇〇三）です。彼は、官僚制そのものに弊害が内在すると考え、これを「官僚制の逆機能」と呼びました。彼は、官僚制の逆機能として、規則の遵守が自己目的化し、本来の目的を阻害してまで規則を守ろうとする傾向が生じることを指摘しています（目標の転移）。ここから、官僚組織の構成員には、行動が杓子定規となり状況に応じた迅速な対応ができないこと、所定の規則を守るという口実で、形式主義、儀礼主義に陥ること、顧客や選挙された上司をサポートするのではなく、自分たちの仕事に変更が加えられないための行動に出ることなどの特徴があらわれます[9]。

ウェーバーの立場から見ても、マートンの立場から見ても、官僚機構の中では、個人は非人格化されることが求められています[10]。ウェーバーは、官僚制を、「個人が精確な部品として働く有機的な機械組織」であると述べています。

◇ 権威主義的パーソナリティ

ドイツ人は、なぜ、自由のために闘ったのと同じ熱心さで自由を捨ててしまったのか、なぜ、自由を求める代わりに自由から逃れる道を探したのか。このナチズムに至る過程を解明した名著に、エーリッヒ・フロム（一九〇〇‐一九八〇）の『自由からの逃走』があります。この著書では、近代社会は人々に独立と自由を与える一方で、中世社会が有していた人々の紐帯を断ち切ったこと、それが人々に耐え難い孤独感と無力感とをもたらし、ナチズムの社会心理学的基盤となったことが指摘されています。

弱体化した自我は何ものかによって埋め合わせられなければなりません。従来それは、財産の所有であったり、名声と権力であったり、家族などでした。しかし、社会的混乱の中で、人々が仕事や愛情に不安を抱いたとき、安定性を回復するために、自由の重荷から逃げようとする心理的メカニズムが作動します。それは、個人に欠けている力を獲得するために外側の何物かと自分自身とを融合させようとする傾向（権威主義）であり、対象を除外しようとする傾向（破壊性）であり、文化的な鋳型によって与えられたパーソナリティを完全に受け入れる傾向（機械的画一性）としてあらわれました。こうした権威主義的パーソナリティが人々をナチズムに導いていったとフロムは主張しました[11]。

フロムが提示した権威主義的パーソナリティは、同じドイツ人のテオドール・アドルノ（一九〇三―一九六九）によってさらに整理されました。アドルノらは、潜在的にファシストに向かう個人の本性とは何かという視点から心理学的調査を実施しました。彼は、その調査結果から、権威主義的パーソナリティについて、次のような特徴を指摘しています。①権威に服従することに喜びを見出し、そのことで自己の社会的な存在意義を確認する、②権威の階統の上位にいる者たちと同一化しようとする、③社会的弱者に対して否定的・攻撃的な態度をとる、④思考が独断的で、ステレオタイプ化された考え方を容易に受け入れる、⑤善か悪かなどの二価値判断に陥りやすく、権威を盲信すると同時に、否定された者たちに対して強圧的な態度をとる、⑥理想に対して冷淡で、現実的な思考をとる、⑦経済的な弱者に対して無慈悲な態度をとるなどです[12]。

アドルノが挙げた人格特性は、現代人の一般的な人格特性と言ってよいのではないでしょうか。フロムが指摘したファシズムに向かう社会心理学的状況は、戦後改善されたわけではなく、むしろ一層その傾向を強めているように見えます。すなわち、現代社会に生きる私たちは、知らず知らずのうちに、他者の人格を否定することを好むパーソナリティを身に付けているのです。

◇人権概念の必要性――人をモノ化・手段化する社会――

以上、社会学、社会心理学などの観点から、現代社会が構造的に人間に過度のストレスを与え、人間を手段化・非人格化し、また、人間の心の中に、他の者を差別することを好む心情を醸成することを述べてきました。現代社会は、個人をモノ化・手段化することを正当化し、また、一定の必然性をもって、人々の心にハラスメントやいじめの感情を生み出しています。

人権という概念が西洋からの輸入品であることは間違いありません。しかし、私たちは、明治期以来、近代化の名のもとに、中央集権的な国家制度、資本主義型商品経済、学校制度・軍隊制度などを西洋から輸入し、社会の礎としています。そして、それらの要素は、人間関係を緊密にし、物質的な豊かさをもたらすとともに、上述したとおり、人間存在を矮小化し、心を荒廃させてきました。

すなわち、人権とは、近代社会、現代社会のシステムがその内に有している人間性否定という側面を是正するために発明された保障手段、調整原理と考えるべきです。人権の理念は、必然的に人間をモノ化・手段化する現代社会の中にあって、「私たちはモノではない。私たちは自由である、私たちは主体である。」と主張するために必要不可欠なアイテムなのです。

はじめに述べたように、人権という概念は、私たちに一種の違和感を与えるものです。しかし、その違和感の正体は、実は現代社会そのものの中にあります。私たちは現代社会のシステムに慣れてしまっているので、慣れ親しんだシステムをおかしいものとは思わずに、おかしな制度の中で人間性を回復しようとする活動の方に違和感を覚えてしまっているのです。人権は、現代社会に生きる私たちが人間らしく生きるために、なくてはならないものなのです。人権の考え方は、現代という時代が要請する最高の思想的発明品だと思います。

第3章　人権とは何か

◇自由とは

それでは人権とは何でしょうか。本章では、人権の意義について考えてみたいと思います。

人権の内容を考えるにあたり、まず、「自由」という言葉を整理してみたいと思います。「自由」は、一般的には、「他からの束縛を受けないこと」を意味します。必ずしも人間に対してだけ用いるわけではありません。自由落下や自由型などのように、物体の運動や水泳の泳法などにも用いられます。

自分の右手をぎゅっと握ってみてください。私たちは自分の手を握ろうと意識すれば握ることができます。なぜ握れるのかと聞かれても、「私が握ろうと思ったから」としか答えようがありません。機械であれば、動作の構造を説明できますが、人間の行動の原因は自由な意思に基づくとしか言えません。「自由」という漢字を書き下すと、「自らに由る」となります。これは、自分の行動は自分に由来する、すなわち人間の行動選択は、自分自身の意思に基づいて行われるという意味です。眠っている間に布団をぎゅっと握ってもそれを自由だとは言いません。つまり、「自由」の意味は、自分の行動の理由、原因が自分自身にあるということです。

ところで、本書では、「自由」という概念を、とくに、「自己の人格を自由に発展させること」という意味で用いたいと思います[13]。これは、人格の発展が人生の目的であるという人間観に基づくとともに、私たちは社会における活動を通じて人格の発展を図りますので、社会との関係を意識した定義といえます。なお、法律上、人格は「法律上の行為をなす主体」と定義されますので、ここでの人格は「行為を行う主体」と定義しておきたいと思います。

◇権利とは

次に、権利（right）とは、相手方に対して一定の作為または不作為を求めることができる資格（権限）です。たとえば、コンビニで菓子パンを買うという場面を思い浮かべてください。あなたが店員に代金を支払えば店員はパンを渡してくれます。店員が渡すのを忘れていたら、あなたは「そのパンを僕に渡してくれ。」と要求することができます。また、コンビニで買ったパンをさあ食べようと思ったら、友人のタダシが横取りしようとしました。「それは僕のパンだ。持っていくな。」と友人に文句をいうことができます。このように、「相手に対して、ある事がらを行いまたは行わないことを求めることができる」あなたの立場を「権利がある」といいます。

所有権についてみると、所有者は、自由に所有物の使用、収益、処分をすることができます（民法第二〇六条）。自分の大切な本が他人に勝手に持っていかれたならば、所有者は、その返還を請求することができ（返還請求権）、自分の土地に建築廃材を勝手に捨てられたならば、その物の撤去を請求することができ（妨害排除請求権）、隣の家の所有者が境界に沿って深く土地を切り下げたならば、自分の土地が崩れるのを防止するための措置を隣家に請求することができます（妨害予防請求権）[14]。

right には正義、正当な行為という意味が、また動詞としては、正しくする、権利を回復するなどの意味があります。権利は、その正当性を主張して請求できるものなのです。請求は、直接には相手方に対して行うものですが、相手方がその請求に応じなければ、裁判所などの公的機関に対して行うことができます。裁判所によって権利の存在が認められれば、その権利は強制執行などによって強制的に実現されます。つまり、権利は、その行使を国家権力による強制力に裏付けられた資格（権限）です[15]。

◇ 人権とは

そして本書では、人権を、「自己の人格の自由な発展を妨げないことを、すべての者に対して求めることができる個人の資格（権限）」と定義したいと思います。

この定義は、ドイツ基本法を参考にしたものです。ドイツ基本法第二条は、「各人は、他人の権利を侵害せず、かつ、憲法的秩序または道徳律に反しない限り、自己の人格を自由に発展させる権利を有する。」と規定しています[16]。

なお、世界人権宣言第二九条一項は、「すべて人は、その人格の自由かつ完全な発展がその中にあってのみ可能である社会に対して義務を負う。」と規定しています。すべての人が人格を自由に発展させる権利を有するのですから、すべての人はすべての人が人格を自由に発展させること、またそれを認める社会を維持する義務を負うことになります。すなわち、この条項は、ドイツ基本法第二条を裏側から規定したものと言えるでしょう。

本書の人権の定義には三つのポイントがあります。一つめは人権保障を「人格の自由な発展を妨げないこと」としている点、二つめは個人の請求権としている点、三つめはすべての者に対して求めることができるとしている点です。以下、それぞれについて説明したいと思います。

◇　請求できる資格

まず、二つめの観点である、「請求することのできる資格（権限）」という点から説明します。これは、直接には、いじめをしている相手に対して、「いじめをやめてください」と求めることができる正当な資格があるということを意味します。「自由」という概念は、他者の存在を想定せずに成立する概念ですが、「人権」は自由を侵害する他者を想定し、他者に対してその侵害の排除を求めるための概念です。いわば、人権は、自由を保障するための道具概念です。

そして、相手方が人権侵害をやめない場合、最終的には、公的機関に人権侵害の救済を申し立て、公的機関が認めれば、侵害行為の差し止め、被害者への損害賠償、信用回復措置、犯罪者への刑罰などの強制手段を含む措置がとられます。すなわち、人権とは、自由が侵害されたときに、最終的に、公的機関に対してその救済を請求できる根拠であり、また、公的機関が一定の措置をとる場合の理由となるものです。人権侵害が認められれば、公的機関は、一定の救済措置を講じなければなりません。

このように、人権は、自由の侵害があった場合に、直接的には、相手方に対し「やめてください」と求め、それで解決できない場合は、国家機関に対して、強制力を伴う措置を請求することのできる資格（権限）と考えられます。しかし、資格（権限）ですから、原則的には、請求しない限り、個人の自由は保護されません。人権は主張をすること、請求することが重要です。この点は第6章で改めて検討したいと思います。

◇ 私人間への適用

次に、三つめの、「すべての者に対して」求めることができる点について説明します。これまで、いじめやハラスメントを例にして人権の問題を考えてきました。しかし、意外と思われるかもしれませんが、憲法の教科書では、これらの問題はほとんど取り上げられていません。なぜなら、憲法学では、いじめやハラスメントは人権の問題ではないからです。このように言うと驚かれる人も多いと思います。なぜ、憲法学では、いじめやハラスメントを人権問題として取り上げないのでしょうか。

この理由は、憲法上の人権規定は、原則的に、国家（公権力）を名宛人とするものと考えられているからです。近代以降、警察、軍隊、裁判所などの実力を行使する機関は国家が独占しています。歴史的にみて、人権の思想は、国家権力による侵害・干渉から個人の自由を守るために生み出された概念です。こうした歴史的経緯もあって、わが国の憲法学では、国家権力の介入・干渉に対して、人権の保障が論じられてきたのです。

そして、憲法学では、逆に、私人間の問題にも人権が適用されるか否かが問題とされます。これが、「人権の私人間効力」の問題です。私たちが考える人権侵害は、パワハラであったり、いじめであったり、プライバシー侵害などですから、当然、人権侵害は私人によっても行われます。この点は、一般には分かりづらい議論なので、簡単に説明しておきます[17]。

通説は間接適用説という考え方をとります。これは、私人間の問題については、憲法を直接適用するのではなく、直接には関係する法律を適用すべきであり、当該法律条文の解釈・適用に際して憲法の趣旨を考慮すべきであるという考え方です。判例も、自由権・平等権について、間接適用説をとることを明らかとしています（最大判昭和四八年一二月一二日民集二七巻一一号一五三六頁―三菱樹脂事件―）。私人間の問題に人権の考え方を直接適用することは、国家権力の介入を積極的に認めることになり危険であると考えられたのです。

なお、間接適用説がとられる背景として、わが国の裁判所は、直接、人権侵害の認定を行うことを目的とするものではないという点も指摘しなければなりません。これも少し分かりづらいと思います。

たとえば、刑事裁判であれば、一定の類型化された人権侵害行為は、殺人罪、監禁罪、窃盗罪などとしてあらかじめ刑法に規定されています。第4章で説明するように、刑法は罪刑法定主義をとっていますから、犯罪としてあらかじめ法律で定められていない行為に対して刑罰を科すことはできません。プライバシー侵害が人権侵害であっても、刑法に犯罪として規定されていなければ、犯罪ではありません。このように、刑事裁判では、人権侵害行為か否かが直接問題とされるのではなく、法律によってあらかじめ定められた刑罰法規に該当するか否かが問題となるのです。

民事裁判においても、不法行為として民事責任が問えるかどうかが問題となるのであって、直接、人権侵害が問題となるわけではありません。民法第七〇九条は、「故意又は過失によって他人の権利又は法律上保護される利益を侵害した者は、これによって生じた損害を賠償する責任を負う。」と規定しています。この「他人の権利又は法律上保護される利益」の中に人権の侵害も含まれると考えられますが、憲法の人権規定は抽象的ですから、民法上により具体的な規定があれば、そちらを適用することになります。

このように、裁判所は、刑罰の賦課や私的紛争の解決を目的として裁判を行うのであり、人権侵害があるか否かの判断を直接の目的として関与するわけではないのです。

しかし、だからと言って、人権は私人間の問題には適用されないと考えるべきではありません。なぜなら、第8章で述べるとおり、人権の考え方の根底には、「人間の尊厳」という思想があるからです。人間の尊厳とは、すべての人間は個人としてかけがえのない存在であるとする思想です。人間の尊厳に基づいて人権を主張することができるのならば、その相手方は人間の尊厳を否定しようとする者全体に及ばなければなりません。この名宛人を国家に限定することは論理的ではありません。上述した問題は、裁判所が一定の判断をする際に、憲法条文を直接持ち出すのか、他の法律の条文を優先するかという問題に過ぎません。本書では、人権を、「すべての者に対して、自己の人格の自由な発展を妨げないことを求めることができる個人の資格（権限）」と定義していますので、当然、私人に対しても人権を主張することができます。人権が不可侵であり普遍性をもったものであるならば、それを侵害する者に対しては、それが私人であっても国家機関であっても主張できると考えなければなりません。

◇ 自由は侵害されない？

最後に、一つめの観点に戻って、人権保障を「人格の自由な発展を妨げないこと」とする点について説明します。これは、言い換えれば、人権侵害とは何かという問題です。

極論をすれば、私たちは、いかなる状況にあっても自由であり続けることができるので、外部からどのような強制力が働こうと、私たちの（内的な）自由を侵すことはできません。私たちは、命を奪われるような過酷な場面でも、最後まで自由でいることができます。ソクラテスは、毒杯をあおるまで自由の人だったと思います。

他方、他人に対する何気ない一言がその人を傷付け、その人が実現しようとしていた計画を頓挫させてしまうことがあります。人間同士の発言や行動は、たとえそれがどのような目的でなされたとしても、他の者の自由に何らかの影響を与えるものです。ですから、私たちの他人に対するすべての行為が、その者の人格の自由な発展を妨げる可能性があります。

このように考えると、ある行為が自由の侵害にあたるか否かは、自明のことではないということが分かります。客観的な人権侵害の基準はどこにも存在しません。それでは、人権侵害に当たるかどうかは、どのように判断されるのでしょうか。

◇ 主観的な人権侵害

まず、自分に向けられた他者の行為が、自分を主体として扱っていない、自分を手段またはモノとして扱っていると感じたら、その行為はその人にとっては人権侵害だと考えてよいと思います。たとえば、他人が勝手に自分の写真を撮り、撮られた側がその写真撮影を自己の人格の侵害だと感じたならば、その人にとっては人権侵害です。あなたは、「写真を撮るのをやめてください」と相手方に要求する正当な資格があります。

人権侵害とは、人格否定、人格的侮辱の意味合いを含むすべての行為です。本書の定義に従えば、人権侵害とは、「自己の人格の自由な発展を妨げる」行為です。人格とは主体性です。カント（一七二四-一八〇四）は、道徳上の実践的命題として、自分や他人をいかなる場合にも「目的として扱い決して単なる手段として扱ってはならない」と述べています。[18] 自分が主体として扱われていない、自分が手段として扱われたと感じたら、その行為は、その人にとっては、人権侵害行為と考えてよいのです。

主観的な人権侵害が法律に規定された例があります。いじめ防止対策推進法における「いじめ」の定義です。同法第二条では、「この法律において『いじめ』とは、児童等に対して、当該児童等が在籍する学校に在籍している等当該児童等と一定の人的関係にある他の児童等が行う心理的又は物理的な影響を与える行為（インターネットを通じて行われるものを含む。）であって、当該行為の対象となった児童等が心身の苦痛を感じているものをいう。」とされています。

本法は、いじめの防止に向けた学校や行政の対策を推進していくことを目的としています。従来、学校側が責任逃れのためにいじめはなかったと隠ぺいする傾向があったことから、いじめをできるだけ見逃さないという政策的配慮に基づき、この定義は、いじめを受けた児童生徒の立場に立って行われているのです。[19]

◇裁判所が認定する人権侵害——人権の内在的制約——

さて、相手方に対して異議を述べたにもかかわらず、相手方が人権侵害行為をやめようとしない場合、あなたは、裁判所に対して民事訴訟を提起することができます。こうした場合、裁判所の認定する人権侵害は、あなたが主観的に考えている人権侵害とは同じものではありません。どのように異なるのでしょうか。また、なぜ異なるのでしょうか。次に、裁判所の認定する人権侵害について考えてみたいと思います。

まず、先述したように、裁判所の直接の役割は、人権侵害の認定ではないことに留意する必要があります。たとえば、写真撮影がプライバシー侵害にあたるとして民事訴訟が提起された場合、訴状に記載する「請求の趣旨」は、「被告は金一〇〇万円を支払え」といったものです。裁判所は、この請求の趣旨に理由があるかどうか、すなわち、被告に損害賠償を負う責任があるかどうかを判断するのです。人権侵害があるかどうかを判断するわけではありません。裁判所は、人権侵害を判断しなくても、民法などに一層具体的な関連規定があるならば、それに従って判決を行います。

そして、裁判所において、憲法上の人権侵害の判断がなされる場合であっても、裁判所の判断には、もうひとつ個人の主観的判断とは異なる点があります。

写真撮影を行うことは、個人の人格を自由に発展させる行為ですから、これ自体も人権保障の対象です。憲法は写真撮影の自由を明示してはいませんが、思想・良心の自由（第一九条）、表現の自由（第二一条）および個人の尊重（第一三条）から、個人に写真撮影の自由が認められることは間違いありません。[20]

裁判所が相手方の同意のない写真撮影を人権侵害だと認定することは、反面、個人の写真撮影の自由を制限することになります。つまり、私人間の問題である場合、侵害したとされた側も、自由の発露としてその行為を行ったのであり、裁判所が一方の行為を人権侵害と認めることは、結果として、他方の自由を制限することになるのです。ですから、私人間の問題の場合、裁判所の判断は、両者の調整の問題となります。

裁判所の判決は、それが確定すると強制力を伴う一定の措置がとられることを意味します。民事上の損害賠償の判決であっても、被告が損害を賠償しないならば、裁判所によって、不動産の強制競売などの強制執行が可能となります（民事執行法）。

ですから、裁判所の判断は、人権侵害を受けたとする者の事情と人権侵害を行ったとされる相手方の事情との双方を考慮した判断となり、常に調整の問題となるのです。このように、人権侵害は、個人が考える主観的な人権侵害と裁判所が認定する調整的な人権侵害とではその認定は異なります。これはどちらが正しいかという問題ではありません。個人にとって人権の主張は、それ自体が自由の発露ですから、人権は常に主張するものとしてあります。他方、裁判所にとって人権侵害の判断は、別の自由の制限・強制力の行使と結びつくものですから、常に調整の問題としてあるのです。

◇ 社会的創造物

次に、国家機関によって人権侵害が行われた場合について、裁判所がどのように人権侵害を認定するのかを見ていきたいと思います。素材とするのは、昭和四四年一二月二四日の最高裁判所大法廷判決（刑集二三巻一二号一六二六頁）です。事案は刑事事件ですが、その中で、デモ行進中に、警察官が違法な行進状況を確認するために写真撮影を行った点が、憲法第一三条との関係で問題となりました。

憲法第一三条は、「すべて国民は、個人として尊重される。生命、自由及び幸福追求に対する国民の権利については、公共の福祉に反しない限り、立法その他の国政の上で、最大の尊重を必要とする。」と規定しています。

最高裁は、上記憲法第一三条から、「個人の私生活上の自由の一つとして、何人も、その承諾なしに、みだりにその容ぼう・姿態を撮影されない自由を有するものというべきである。これを肖像権と称するかどうかは別として、少なくとも、警察官が、正当な理由もないのに、個人の容ぼう等を撮影することは、憲法一三条の趣旨に反し、許されないものといわなければならない。」と判示しました。

まず、ここまでを検討したいと思います。最高裁は、「何人も、その承諾なしに、みだりにその容ぼう・姿態を撮影されない自由を有する」とし、正当な理由なく写真撮影をすることは憲法第一三条に違反すると述べています。しかし、憲法第一三条の「生命、自由及び幸福追求に対する国民の権利」の中にそのような自由が含まれることは、その文言からは必ずしも明らかであるとは言えません。どうして、最高裁はこのように述べたのでしょうか。

背景には、プライバシー権および人格権の考え方が社会へ浸透してきたという事情があります。プライバシー権は、元来、アメリカで確立されていた理論がわが国に導入されたものです。はじめに「私生活上の事がらをみだりに公開されない権利」として主張され、その後、「自己に関する情報をコントロールする権利」として発展していきました。この根底にある価値は「人間の尊厳」だと考えられます[21]。

人格権は主としてドイツで発達した考え方で、個人が社会生活上有する人格的利益を保護するための権利です。人格権は、もともとは財産権に対する概念として、私法上発展してきた理論です[22]。

最高裁は、プライバシー権および人格権に対するそれまでの判例・学説状況、またそれらの考え方の社会への浸透の度合いなどを斟酌しながら、憲法第一三条の中身として、同意なしに写真撮影されない自由という具体的な自由を創造したものといえるでしょう。

このように、裁判所が認定する人権の中身は、自由すなわち「自己の人格の自由な発展」という概念から演繹的に導かれるものではなく、当時の社会状況などから立法や判例を通じて創り出していくいわば社会的創造物といえるものです。ですから、人権侵害にあたるか否かは、時代によって、また、社会状況に応じて変化していくものと考えられます。

◇ 写真撮影の合憲性

昭和四四年判例に戻ります。最高裁は、「みだりにその容ぼう・姿態を撮影されない自由」を指摘しましたので、本来は次に、本件警察官の写真撮影がこの自由を侵害したかどうかを検討しなければなりません。しかし、最高裁は、具体的なあてはめにおいて、そのような検討は一切行っていません。それでは、最高裁は何を検討したのでしょうか。

憲法第一三条では、国民の権利について「公共の福祉に反しない限り」最大の尊重を必要とすると規定しており、最高裁は、本件写真撮影が公共の福祉の観点から許容されるかどうかを検討したのです。

最高裁は、警察官による写真撮影が許容される要件として、①現に犯罪が行われもしくは行われたのち間がないと認められる場合で、②証拠保全の必要性および緊急性があり、③その撮影が一般的に許容される限度をこえない相当な方法をもって行われるときという三つの要件を挙げました。そうした上で、最高裁は、上記三要件を本事案に当てはめ、写真撮影の状況、本件デモ行進の状況、京都府公安委員会の許可条件などから、本件事案は、上記三つの要件を満たすものであり、憲法第一三条に違反するものではないと結論付けています。

なぜ、最高裁は、本件が「みだりにその容ぼう・姿態を撮影されない自由」の侵害にあたるかどうかを検討するのではなく、例外である「公共の福祉」に反するかどうかを検討したのでしょうか。おそらく、最高裁は、今回の写真撮影の人権侵害性を軽微なものととらえたのだと思います。人権侵害かどうかを問われて、容ぼうの撮影が許される正当な理由があるかどうかを検討するのは、若干肩透かしにあった感じですが、最高裁としては、肖像権の侵害に該当するかどうかに直接答えることなく、この事案の合憲性に結論を出すことができるという利点があったものと思われます。しかし、第一三条の構成上、公共の福祉は、人権侵害がある場合でなければ持ち出す必要はありませんから、最高裁のこの論理は、本件警察官の写真撮影が肖像権の侵害であるということを前提とするものと思われます。

◇　公共の福祉

それでは、人権を制限しうる公共の福祉とは何でしょうか。憲法学の通説では、先に検討したプライバシーの権利と写真撮影の自由のように、人権間の調整を行うことを公共の福祉の内容と考えています。この意味では、公共の福祉は、憲法規定にかかわらず、すべての人権に論理必然的に内在するものなので、この考え方は、「内在的制約説」と呼ばれています[23]。

しかし、内在的制約説では、本事案のように、肖像権と警察権の行使との関係の場合について説明することはできません。そうすると、警察権の行使の観点からの制約は、一切認められないのでしょうか。それも極端すぎるように思います。

第5章で検討しますが、私たちは自らの生命や自由を維持するために、一定の自由を国家機関に譲り渡しています。私たちには、人を殺す自由も他人の財産を奪う自由もありません。国家は、そうした行為を行った者に対して刑罰を科し、また、犯罪を行ったとされる者を逮捕、勾留することができます。すなわち、私たちは、私たち自身の生命、自由および幸福追求に対する権利を守るために、それに反する一定の行為の禁圧を国家に委ねており、そのための正当な活動と認められる限りにおいて、公的機関は権力的な活動が許されているのです。警察法二条一項が、「警察は、個人の生命、身体及び財産の保護に任じ、犯罪の予防、鎮圧及び捜査、被疑者の逮捕、交通の取締その他公共の安全と秩序の維持に当たることをもってその責務とする。」と規定しているのはこの趣旨です。

しかし、個人の生命・自由を保障するために警察権を行使することが必要であるとしても、警察権の行使それ自体が権力行為すなわち自由の制限を伴う活動ですから、その範囲は、個人の自由を確保するために必要な範囲に限定されなければなりません。これは警察比例の原則と言われています。警察法二条二項は、「警察の活動は、厳格に前項の責務の範囲に限られるべきものであって、その責務の遂行に当たっては、不偏不党且つ公平中正を旨とし、いやしくも日本国憲法の保障する個人の権利及び自由の干渉にわたる等その権限を濫用することがあってはならない。」と規定しています。

このように考えると、人権侵害行為が、公的機関による権力活動である場合についても、裁判所の判断は、個人の人権と国家機関の職責との調整の問題と考えざるを得ないと思います。

問題は、この調整をどのように行うかです。この点は、憲法学では、「違憲審査基準論」として大いに議論されているところですので、詳細は憲法の教科書に譲ります。[24] 判例は、警察権の行使についてみると、警察官の行為が明らかな人権侵害に該当する場合（すなわち警察官の行為が強制処分にあたる場合）と昭和四四年判例の事案のように、人権侵害の程度が比較的軽微な場合とで分けて考えていると思われます。強制処分にあたる場合については、第5章で改めて検討したいと思います。

◇ 人権擁護法案

ところで、先に、裁判所は人権侵害の認定を直接の目的とするものでないという点を指摘しました。それならば、別に人権救済機関を設けたらよいのではないか、このような発想から提案されたのが、人権擁護法案です[25]。

人権擁護法案は、二〇〇二年に小泉内閣によって国会に上程されましたが、翌年、審理未了で廃案となりました。その後、民主党政権下においても、人権侵害救済法案、人権委員会設置法案として提出されましたが、いずれの法案も、結局、成立には至りませんでした。

人権擁護法案を見ると、「何人も、他人に対し、次に掲げる行為その他の人権侵害をしてはならない。」として、すべての者の人権侵害行為を禁止しています（法案第三条）。「人権侵害」とは、「不当な差別、虐待その他の人権を侵害する行為」です（同第二条一項）。また、対象となる不当な差別とは、「人種、民族、信条、性別、社会的身分、門地、障害、疾病又は性的指向」を理由とするものとされています（同第二条五項、第三条）。

人権擁護法案で対象とされている人権侵害は、国家機関が行う場合に限定されておらず、本書で対象としている私人による人権侵害をも含むものでした。

なぜ、これらの法案は成立しなかったのでしょうか。批判の対象とされたのは、人権侵害の定義があいまである点と救済機関の独立性が確保されていない点でした。

人権侵害の定義の不明確性の点についてみれば、これまで検討してきたとおり、これを明確に規定することはそもそも困難です。むしろ、人権擁護法案に問題があるとすれば、人権侵害の定義が、憲法の人権規定の文言に従う形でなされていない点ではないかと思います。これが無用な誤解を生んだものと思われます。

ですから、法案の主たる問題点は、人権侵害を認定する機関にあると言えるでしょう。人権擁護法案では、救済機関として設置される人権委員会が法務省の外局とされています。形式的には独立行政委員会ですが、法務事務官が事務局を担うため、同じ法務省が管理する刑務所・拘置所・入管施設などにおける人権侵害について適切な救済活動が可能なのか懸念が表明されました。

元来、人権は、国家機関による人権侵害から個人を守るために生み出された概念ですから、人権侵害の認定機関には、国家権力からの独立性が強く求められます。ちなみに、国際連合は、人権擁護に関する国内機関の設置促進を目的として、一九九三年の総会で、「国内機構の地位に関する原則（パリ原則）」を決議しています。そこでは、「国内機構の構成とそのメンバーの任命は、選挙によると否とにかかわらず、人権の促進及び擁護にかかわる（市民社会の）社会的諸勢力からの多元的な代表を確保するために必要な担保をすべて備えた手続に従った方法でなされなければならない。」と規定されています。

私人間の問題である場合、人権侵害を救済することは、同時に、人権侵害とされた行為を制限することになります。すなわち、人権侵害の認定は、常に、別の人権を抑圧する危険性を内包しているのです。これまで述べてきたとおり、人権の保障は、最終的には、公的機関の救済によって担保されます。そして、人権の救済は、人権侵害を認定する機関に対する国民の信頼を前提とするものです。先に述べたとおり、この判断は、人権と人権との調整という難しい判断です。三権分立のもと、裁判所には国民の信頼が認められています。しかし、それ以外の機関が人権侵害の認定を行う場合、その機関の公平性、適格性には、相当の配慮が求められます。人権擁護法案が廃案となるに至った経緯は、そのことをよく示しています。

◇報道の自由とプライバシー権・名誉権

人権擁護法案に対する批判として、もうひとつ、法案がマスメディアの報道を抑圧するものである点が挙げられていましたので、この点についても言及しておきます。マスメディアの報道によってプライバシー侵害や名誉毀損を被った者は、人権委員会に救済の申出を行うことができ、人権委員会はその申出を受けて、勧告・公表などを行うことができます（法案第四二条以下）。人権侵害の中身としては、たとえば、マスコミが取材を行うにあたり、対象者が取材を拒んでいるにもかかわらず、つきまとい、待ち伏せ、押し掛けなどの行為をした場合、人権侵害行為にあたるとされています（同第四二条一項四号）。法案が成立すれば、報道機関の取材は相当に制限されることになるでしょう。

表現の自由（憲法第二一条）およびそれに基づく報道の自由は、自由な議論を前提とする民主主義社会を支える柱です。判例も、「報道機関の報道は、民主主義社会において、国民が国政に関与するにつき、重要な判断の資料を提供し、国民の『知る権利』に奉仕するものである。」と述べています（最大決昭和四四年一一月二六日刑集二三巻一一号一四九〇頁）。人権委員会が一方的な判断で、マスメディアの報道内容や取材方法を人権侵害と決めつけることは、表現の自由を侵害する可能性があります。そこで、法案反対論者は、メディアによる人権侵害については、メディアの自主的規制に委ねるべきだと主張しました。

ところで、先述したとおり、人権間の対立がある場合に人権侵害を認定するためには、人権間の調整が必要です。名誉権・プライバシー権の侵害と表現の自由とが対立する場合においても、人権侵害を認定するためには、両者の調整を図らなければなりません。

この調整が法律上なされている例があります。刑法の名誉毀損罪です。刑法第二三〇条一項は、「公然と事実を摘示し、人の名誉を毀損した者は、その事実の有無にかかわらず、三年以下の懲役若しくは禁錮又は五〇万円以下の罰金に処する。」と規定しています。そして、続く刑法第二三〇条の二第一項は、「前条第一項の行為が公共の利害に関する事実に係り、かつ、その目的が専ら公益を図ることにあったと認める場合には、事実の真否を判断し、真実であることの証明があったときは、これを罰しない。」と規定しています。この規定は、現行憲法の制定に伴い、憲法第二一条で保障される表現の自由と名誉の保護との調整を図った規定です。名誉毀損となる事実が、公共の利害に関するものであり、適示の目的がもっぱら公益を図るものである場合、名誉毀損としては処罰しないことを定めています。

「公共の利害に関する事実」とは何でしょうか。表現の自由の趣旨から、国民が国政に関与するにつき、重要な判断の資料となるものはこれに該当します。原則的には、まったくのプライバシーに関する事実はこれには当たらないと考えるべきでしょう。なお、判例は、「私人の私生活上の行状であっても、そのたずさわる社会的活動の性質及びこれを通じて社会に及ぼす影響力の程度などのいかんによっては、その社会的活動に対する批判ないし評価の一資料として」公共の利害に関する事実に当たる場合があるとしています（最判昭和五六年四月一六日刑集三五巻三号八四頁―月刊ペン事件―）。

以上のとおり、名誉権・プライバシー権と表現の自由とが対立する場合、その調整が必要です。しかし、その調整の際に、表現の自由だけを特別扱いすることは許されないと思われます。メディアやSNSによる人権侵害は、実際上、大きな問題であり、これに対する救済が必要であることは間違いありません。ですから、メディアによる人権侵害だけは自主規制に委ねるという論理は通用しません。結局のところ、この問題は、前項で検討した、人権侵害を判断する機関の公平性、適格性をどう確保するかという問題に収斂されていくように思われます。

第4章　人権のカタログ

◇ヴァージニア権利章典

本書では、人権を、「自己の人格の自由な発展を妨げないことをすべての者に対して求めることができる個人の資格（権限）」と定義しました。しかし、先述したとおり、国家機関が認定する人格の自由な発展の中身およびそれを妨げる具体的行為は、自由の定義から演繹的に導かれるものではなく、立法や判例を通じて創り出されていく社会的創造物と言ってもよいものです。いわばカタログです。本章では、このカタログが歴史的にどのように作られてきたのかを概観したいと思います。

近代的な人権文書のさきがけとなったのは、アメリカ独立戦争のさなかの一七七六年六月に制定されたヴァージニア権利章典（Virginia Bill of Rights）と言われています。この文書は、当時イギリスの植民地であったアメリカのヴァージニアにおいて、自らの統治機構の樹立を目指して起草されたものです[26]。

第一条では次のように述べられています。「すべて人は、生来ひとしく自由かつ独立しており、一定の生来の権利を有するものである。これらの権利は人民が社会を組織するにあたり、いかなる契約によっても、人民の子孫からこれを奪うことのできないものである。かかる権利とは、すなわち財産を取得所有し、幸福と安寧とを追求する手段を伴って、生命と自由とを享受する権利である。」

ヴァージニア権利章典は、自然法に基づく人権の思想をはじめて宣言したものであり、また、人権の絶対不可侵性をはじめて謳っています。そして、不可侵の権利として挙げられているのは、財産に対する権利、生命と自由とを享受する権利です。

この他、同章典では、政府を改良・改変・廃止する権利（第三条）、犯罪の訴追に際し、告発の理由を尋ね、訴追者・証人と対質し、自己に有利な証拠を要求し、陪審員による判決を受ける権利（第八条）、証拠なくして捜索を受けない権利・一般逮捕状を発付されない権利（第一〇条）、言論・出版の自由（第一二条）、統一した政府を持つ権利（第一四条）、宗教の自由（第一六条）が規定されています。

同章典では、全体として、イギリスから独立し自らの政府を樹立するための人民の権利が列挙されており、これは同年七月のアメリカ独立宣言に受け継がれていきました。

◇フランス人権宣言

フランス革命の勃発から間もない一七八九年八月二六日に、憲法制定国民議会によって採択されたフランス人権宣言（Déclaration des Droits de l'Homme et du Citoyen）は、その後、諸外国に多大な影響を与えた人権のカタログとして特筆すべき存在です。[27]

その第二条では、「あらゆる政治的団体の目的は、人の消滅することのない自然権を保全することである。これらの権利は、自由・所有権・安全および圧政への抵抗である。」と規定されています。

フランス人権宣言では、そのほか、自由・権利の平等（第一条）、市民の立法参加権（第六条）、適正手続の保障（第七条）、罪刑法定主義（第八条）、無罪推定の法理（第九条）、意見表明の自由（第一〇条）、思想・表現の自由（第一一条）、租税に関与する権利（第一四条）、行政の報告を求める権利（第一五条）、所有権の不可侵（第一七条）が規定されています。

フランス人権宣言は、圧政への抵抗権を認めた点（第二条）、法は一般意思（volonté générale）の表明とする点（第六条）において、ルソー（一七一二－一七七八）の『社会契約論』の影響を見ることができます。人権のカタログとしては、市民の立法参加権や所有権の不可侵など、市民階級の利益を守る観点が強調されています。なお、この場合の市民とは、一定の租税要件を満たす成人男性に限られており、女性は含まれない点も付け加えておかなければなりません。[28]

◇ 社会権の登場

その後、経済的な発展に伴い、富める者が現れる一方、経済的弱者が大量に生み出されました。その結果、二〇世紀に入り、生存権、教育権、労働基本権などの社会権または社会的基本権と呼ばれる人権が、基本的人権のカタログに加えられます。その端緒は一九一九年に制定されたドイツのワイマール憲法です。ワイマール憲法は、「経済生活」の部を設け、その第一五一条で、「経済生活の秩序は、すべての者に人間たるに値する生活を保障することを目的とする正義の原則に適合しなければならない。」と規定しました。自由権が国家による干渉を排除して個人の自由を確保する権利であるのに対して、社会権は国家に対して社会的弱者保護のための積極的配慮を求める権利です[29]。

日本国憲法では、社会権として、生存権（第二五条）、教育を受ける権利（第二六条）、勤労の権利（第二七条）および労働基本権（第二八条）が規定されています。

生存権とは、国民が健康で文化的な最低限度の生活を営むための諸条件の確保を国家に要求する権利です。たとえば、親が交通事故にあって働き手がいなくなってしまった場合、国は、その困窮度に応じて、最低限度、健康で文化的な生活をおくることができるように保障しなければなりません。

教育を受ける権利（第二六条）は、子どもの学習権を保障したものです。この権利は教育を受けさせる義務と対応しており、親ないし親権者は教育を受けさせる責務を負い、国は教育制度を維持し、教育条件を整備する義務を負います。

労働者の人権については、第二七条において勤労の権利を保障した上で、第二八条で労働者の団結権、団体交渉権および団体行動権を規定しています。団結権とは労働者の団体（労働組合）を組織する権利であり、団体交渉権とはその団体が使用者と労働条件について交渉する権利であり、団体行動権とは労働者が労働条件の実現を図るためにストライキなどの団体行動を行う権利です。

◇ 世界人権宣言

世界人権宣言（Universal Declaration of Human Rights）は、第二次世界大戦の経験から、世界の平和を実現するために、世界各国が協力して人権を守る努力をしなければならないという意図のもとに生まれたものです。一九四八年一二月一〇日に、第三回国際連合総会で採択されました。世界人権宣言の特色は、国境を越えて、すべての国、すべての人が守らなければならない共通基準として人権が規定されたことにあります。その前文では、「人類社会のすべての構成員の、固有の尊厳と平等にして譲ることのできない権利とを承認することは、世界における自由と正義と平和との基礎である」と述べられています。

また、同宣言は、はじめて、人権と人間の尊厳とを関連付けました。その第一条では、「すべての人間は、生れながらにして自由であり、かつ、尊厳と権利とについて平等である。人間は、理性と良心とを授けられており、互いに同胞の精神をもって行動しなければならない。」と規定されています。人間の尊厳は、その後の国際人権規約やウィーン宣言に受け継がれています。

人権のカタログとしては、生得の自由と尊厳・権利の平等（第一条）、平等原則（第二条）、生命・自由・安全の権利（第三条）、奴隷制の否定（第四条）、拷問の否定（第五条）、いかなる場所でも人として認められる権利（第六条）、法の下の平等（第七条）、国内裁判所による救済（第八条）、不当な身柄拘束の禁止（第九条）、裁判を受ける権利（第一〇条）、無罪推定の法理（第一一条）、プライバシーの保護（第一二条）、移動出国の自由（第一三条）、難民の権利（第一四条）、国籍取得権（第一五条）、婚姻の権利（第一六条）、財産権（第一七条）、思想・良心・信教の自由（第一八条）、表現の自由・アクセス権（第一九条）、集会・結社の自由（第二〇条）、参政権（第二一条）、社会保障を受ける権利（第二二条）、労働権（第二三条）、労働時間（第二四条）、衣食住・医療・子どもの権利（第二五条）、教育を受ける権利（第二六条）、文化生活に参加する権利（第二七条）が列記されています。

ところで、世界人権宣言は、従来の人権宣言と比較すると、念頭に置かれている人権主体に変化があることに注目すべきです。従来の人権は、個人の自律性や主体性が前提とされており、人権の主体として自立した個人が念頭に置かれていました。現在、国連などで問題とされている人権は、抑圧された環境にある者の人権、女性の権利、子どもの権利などが中心です。

これは、人権を宣言することの意義が変わってきたことを示しています。元来、人権は、旧体制を打倒し市民による政府を樹立するための正当化根拠として宣言されました。その後、近代国家が確立されてからは、社会権に代表されるように、国家が保障すべき基本原理として人権が取り扱われるようになりました。そして戦後、人権は、国家の枠を超えて、抑圧された環境下に置かれた人々の状況を改善するスローガンとして標榜されるようになったのです。

なお、世界人権宣言の内容を基礎として、これを条約化したものとして、社会権規約（経済的、社会的及び文化的権利に関する国際規約）と自由権規約（市民的及び政治的権利に関する国際規約）とが、一九六六年に第二一回国連総会で採択され、一九七六年に発効しています。

◇日本国憲法

わが国の憲法は、第二次世界大戦の敗戦の後、明治憲法を破棄し、連合国総司令部の占領下において、一九四六年に制定されました。その基本原理は、基本的人権の尊重、国民主権、平和主義ですが、その最たる特徴は、象徴天皇制（第一条）と戦争の放棄（第九条）です。

日本国憲法の基本的人権は、一般に、①包括的基本権（第一三条）、②法の下の平等（第一四条）、③自由権、④国務請求権、⑤参政権、⑥社会権の六つに分類されます。

すでに取り上げた第一三条は、第一四条以下に明示されていない人権の包括的な根拠と考えられています。

第一四条一項は、「すべて国民は、法の下に平等であって、人種、信条、性別、社会的身分又は門地により、政治的、経済的又は社会的関係において、差別されない。」とし、法の下の平等を宣言しています。

自由権としては、思想・良心の自由（第一九条）、信教の自由（第二〇条）、集会・結社・表現の自由（第二一条）、居住・移転の自由、職業選択の自由および国籍離脱の自由（第二二条）、学問の自由（第二三条）、財産権の保障（第二九条）、そし一般に人身の自由と言われる奴隷的拘束からの自由（第一八条）、適正手続の保障（第三一条）、不法な逮捕・拘禁・抑留からの自由（第三三条、第三四条）、住居の不可侵（第三五条）、公平な裁判所の迅速な公開裁判を受ける権利、証人審問権・弁護人依頼権（第三七条）、自己に不利益な供述を強要されない権利（第三八条）、一事不再理の権利（第三九条）、刑事補償を受ける権利（第四〇条）が規定されています[31]。

国務請求権は、国民が公権力に対して人権保障を求めるための人権であり、請願権（第一六条）、国家賠償・補償請求権（第一七条）および裁判を受ける権利（第三二条）が規定されています。

参政権は、主権者として国の政治に参加する権利であり、憲法上、選挙権（第一五条）、最高裁判所裁判官の国民審査（第七九条二項）、憲法改正の国民投票（第九六条）、地方特別法の住民投票（第九五条）の規定があります。

社会権については、先述したとおり、生存権（第二五条）、教育を受ける権利（第二六条）、勤労の権利（第二七条）および労働基本権（第二八条）が規定されています。

◇ 黙秘権——自己負罪拒否の特権——

わが国の人権規定の特色のひとつは、三〇ヶ条ある人権規定のうち一〇ヶ条が刑事手続に関する人権規定であるという点です。これは、戦前、治安維持法などによって不法な逮捕・監禁・拷問などがなされたことへの反省に基づいています。憲法第三一条では、「何人も、法律の定める手続によらなければ、その生命若しくは自由を奪われ、又はその他の刑罰を科せられない。」と規定されています。この条項は、アメリカ憲法修正第五条に由来し、適正手続（due process of law）の保障と言われています。

ところで、憲法第三八条一項は、「何人も、自己に不利益な供述を強要されない。」と規定しています[32]。刑事訴訟法ではさらに、被疑者・被告人に対して終始沈黙する権利いわゆる黙秘権を認めています（刑訴法第一九八条二項、第三一一条一項）。しかし、少なくとも真犯人であるならば、自分が行った犯罪について正直に話すべきではないでしょうか。なぜ、被疑者・被告人一般に黙秘権が保障されているのでしょうか。

この点を理解するためには、近代の人権思想の根底にある考え方を理解しなければなりません。この点を明確に述べているのは、トマス・ホッブズ（一五八八–一六七九）の『リヴァイアサン』です。ホッブズは、市民社会が形成される前の自然状態では人間は平等だが、平等から不信が生じ、万人の万人に対する闘争状態になるとします。そこで、ホッブズは、人々が自らの生命・安全を保持するために、社会契約を結び、国家に一定の権利を譲渡して国家に服従する必要が生じるのだと論じていきます[33]。

しかし、ホッブズは、譲渡することのできない権利があると言います。それは、生命を奪おうとして襲いかかってくる者に抵抗する権利であり、傷害や拘束を受けない権利であり、暴力を受けない権利です。これは、個人が自分自身を防衛するために自らの力を使用する自由があるということであり、ホッブズは、この自分自身を防衛する権利を自然権（right of nature）であると考えました。

ここからホッブズは、次のような議論を展開します。すなわち、犯罪を行った者に対して、自らの犯罪について告訴すること（自首すること）を義務付けることはできない、また、このような者（被告人）の証言（自白）は、それが自発的になされたものでない限り、受け入れられるべきではない、また、自分自身の罪に対して、国家機関によって尋問がなされた場合、釈放される保証なしには、自白をする義務はない、と[34]。なぜなら、自己防衛をすることは人間の自然権だからです。

自分が死刑になる可能性がある場合、自白をすることは、自ら死刑になるための証拠を提供することになります。これは自分自身を防衛するという人間の本性に反します。たとえ、真犯人であったとしても、何とか刑を免れようとするのは人間の本性であり、これは人間の生得の権利として認められなければなりません。このような思想から、被疑者・被告人には黙秘権が認められているのです。

◇ 被害者の人権

被疑者・被告人の人権は憲法で一〇ヶ条にわたり規定されているにもかかわらず、犯罪被害者の人権の規定は憲法にはありません。これまで、憲法、刑事訴訟法は、犯罪加害者の人権については手厚く、犯罪被害者の人権には冷淡であると批判されてきました。

こうした中、犯罪被害者保護の機運が高まり、二〇〇〇年にいわゆる被害者保護二法が制定され、二〇〇四年には犯罪被害者等基本法が、二〇〇七年の刑事訴訟法改正では、刑事裁判への被害者参加制度が創設されました。

ところで、被疑者・被告人の人権と被害者の人権とを対比して同列に論じる論調がありますが、これは誤っています。なぜなら、被疑者・被告人に保障されている人権は、国家による刑罰権の行使に対して被疑者・被告人が適正手続を求めるための人権です。この人権は「人身の自由」と言われ、マグナ・カルタ（一二一五年）以来の伝統を持つ自由権的基本権の一種です。一方、被害者および被害者遺族に保障されなければならないのは、犯罪により被った被害からの回復のための医療サービスや福祉サービス、刑事手続における被害者への配慮、被害による経済的負担に対する支援などです。

ちなみに、憲法改正論議の中で、二〇一二年に示された自由民主党憲法改正草案では、その第二五条の四として、「国は、犯罪被害者及びその家族の人権および処遇に配慮しなければならない。」という規定が加えられています。憲法第二五条は生存権の規定ですから、第二五条の四という置き場所は、犯罪被害者の権利が社会権のひとつとして位置づけられていることを示しています。なお、現在までのところ、犯罪被害者の人権を憲法で明示している国はありません。

◇ 新しい人権

日本国憲法第一三条は、「生命、自由及び幸福追求に対する国民の権利については、公共の福祉に反しない限り、立法その他の国政の上で、最大の尊重を必要とする。」と規定しています。この規定は幸福追求権といわれ、第一四条以下に明示されていない権利の包括的な根拠と考えられています[35]。

幸福追求権を根拠とした新しい人権として、プライバシーの権利、知る権利、アクセス権、環境権、日照権、眺望権、嫌煙権、平和的生存権などが主張されています。また、インターネットの普及に伴い、近時は、忘れられる権利なども登場しています。

たとえば、環境権は、一般に、国民が良好な環境を享受する権利と理解されています。環境権の主張は、高度経済成長期において、大気汚染、水質汚濁、騒音、振動などの公害が大量に発生したことを背景として、私たちの健康、生活を維持するためには、公害による環境破壊を除去し、また、被害が生じた場合には適切な補償がなされるべきだという認識に基づいています。

環境権を憲法で明示している国は多く、たとえば、大韓民国憲法第三五条一項は、「すべて国民は、健康かつ快適な環境の下で生活する権利を有し、国家および国民は、環境保全に努めなければならない。」と規定しています。規定の仕方は国によって様々です。

社会の変化は私たちの生活に新たな問題を生じさせ、その状況が個人の人格の発展を妨げるものと認識され、新たな人権の必要性へとつながっていきます。すなわち、新しい人権は人権の内容に新しいものが付け加えられたというよりも、社会状況の変化が人権侵害の新たな観点を浮き彫りにしたと考えた方が適切だと思います。人権のカタログは社会の変化に応じて変化していくのです。

第5章　人権と国家

◇人権とは刑罰権である？——ロックの自然法論——

人権の意義を考えるに際し、その原点となる思想に立ち戻って考察することは有用です。その中でも、ジョン・ロック（一六三二―一七〇四）の『統治二論』は、もともとはイギリスの名誉革命を正当化するためにまとめられたものですが、その後のアメリカ独立宣言、フランス人権宣言の思想的バックボーンとなった著作です。ロックは、『統治二論』において、政治社会（国家）が成立する以前の自然状態を想定し、自然状態における人間社会のあり様について、次のように述べます。「自然状態はそれを支配する自然法をもち、すべての人間がそれに拘束される。そして、その自然法たる理性は、それに耳を傾けようとしさえすれば、全人類に対して、すべての人間は平等で独立しているのだから、何人も他人の生命、健康、自由あるいは所有物を侵害すべきではないということを教えるのである。[36]」

ロックは、キリスト教的世界観から自然法の考え方を導いています。しかし、ロックは、人権の用語は用いていません。あくまで、「何人も他人の生命、健康、自由あるいは所有物を侵害すべきではない」という法（規範）を語っているのです。

ここで私が注目したいのは、これに続く部分です。「そして、他人の権利を侵害したり、相互に危害を加えたりすることがないように万人を抑制し、平和と全人類の保存とを欲する自然法が遵守されるように、自然状態においては、自然法の執行は各人の手に委ねられているのであり、これによって、各人はこの法に違反する者を、法の侵害を防止する程度にまで処罰する権利をもつ。なぜならば、もし自然状態において自然法を執行する権力をもち、それによって無実の者を保全し、違反者を抑制する者がいないとすれば、自然法は、この地上の人間に関係する他のすべての法と同様に、空しいものになってしまうだろうからである。」

ここではじめて、「権利」という概念が現れます。しかし、その権利の用い方に留意する必要があります。ロックは、生命、健康、自由または財産を侵害してはならないという規範に違反した者に対して刑罰を科す権利としているのです。

刑罰権が権利だというのは奇妙です。これはどのように理解されるべきでしょうか。「生命、健康、自由または財産を侵害してはならない」という規範が実効性をもつためには、一定の強制力を発動させる必要があります。そうでなければ、自然法は空虚な絵空事に過ぎません。人権は、生命、健康、自由または財産が侵害された場合に、一定の強制力が働くからこそ現実の社会において実効性のある概念となるのです。私たちは単なる理念としてのみ人権を理解する傾向にありますが、人権とは、生命、健康、自由または財産が侵害された場合に、それを抑止するために強制力を発動させる資格（権限）だと考えるべきです。

ロックに従えば、自然状態においては、権利と権力とはどちらも個人に委ねられていました。市民社会では、その執行は国家に委ねられるようになります[37]。つまり、人権とは、生命、健康、自由、財産を侵害されまたは侵害されようとしている場合に、強制力を発動する資格（権限）であり、権力とは、人権侵害を抑止するために、実際に強制力を発動すること（執行力）だと考えられるのです。

◇人権と権力

ところで、権力とは、「他人を支配し、服従させる力」ですから、権力は常に個人に服従を求め、個人の自由を否定する方向で働きます。個人の自由と権力とは、元来、対立する概念です。それでは、個人の人権に基づいて国家権力が人権侵害を抑止するということをどのように理解すべきでしょうか。

これは、次章で述べるように、人権は常に主張するものとしてあると考えるべきだと思います。権力は何もしなければ個人の自由を奪う方向で作用します。人権は、それを元来の目的である自由の保障のために発動させる資格（権限）です。この資格に基づいて人権侵害の抑止を国家に要求するから、公機関はその方向において執行をするのです。国民が権限を行使しなければ、国家は国民の自由を侵害する方向でその権限を行使するようになります。

すなわち、個人は、国家権力が人権を擁護する方向で強制力を発動するように、常にその資格に基づいて請求する必要があります。わが国の憲法第一二条が、「この憲法が国民に保障する自由及び権利は、国民の不断の努力によって、これを保持しなければならない。」と規定するのは、この意味において理解されるべきです。

◇ 防御権と基本権保護義務

ところで、ドイツでは、人権の問題は、防御権と国家の基本権保護義務という二つの観点から捉えられています。防御権とは、公権力から市民の自由を守ることが主題であり、これは、わが国の憲法学における自由権と同じものです。これに対し、国家の基本権保護義務とは、「他の私人による侵害から各人の基本権法益を保護すべき、国家の作為義務」を言います。ドイツ基本法第二条二項は、「各人は、生命、身体を害されない権利を有する。人身の自由は、不可侵である。これらの権利は、法律の根拠にもとづいてのみ、これを侵害することが許される。」と規定しています。この前段の規定から、国民の生命が危険にさらされている場合、国家は、個人の生命を守り、保護する義務を負うと考えられるのです。[38]

基本権保護義務は、加害者たる私人と被害者たる私人とを想定し、国家には、基本権の擁護者としての役割が与えられています。この場合、保護の客体は、個人の生命、身体、所有権、職業遂行の自由など自由権的基本権一般です。私人によるあらゆる侵害が国家の保護義務を発動させます。

人権を国家（公権力）との関係で考えるならば、ドイツの議論のように、国家が個人の人権を侵害してはならないという観点とともに、私人間における人権侵害に対しても、国家は個人の生命、身体、自由を擁護しなければならないと考えるべきでしょう。

◇　刑法の機能

基本権保護義務の観点から考えると、類型化が可能と思われる一定の人権侵害行為については、あらかじめ類型化をし、その人権侵害行為がなされたならば、国家は、被害者の請求を待たずに、当該行為を禁圧すべきです。

刑法は、この基本権保護義務の履行を主たる任務とする法律であると考えられます。刑法上、法的に保護される利益を保護法益と言いますが、保護法益は個人的法益、社会的法益、国家的法益に区分されます。このうち、個人的法益に関する犯罪とは、殺人罪などの生命・身体に対する罪、監禁罪などの自由に対する罪、名誉毀損罪などの名誉・信用に対する罪、窃盗罪などの財産に対する罪などがあります。これら個人的法益の範ちゅうにある犯罪は、生命、健康、自由、財産などを侵害する行為すなわちロックの自然法に反する行為です。

刑法は、刑罰を科すに値する典型的な人権侵害行為をあらかじめ類型化し、それに該当する行為を刑罰の賦課によって抑止し、個々人の人権を擁護することを主たる目的とするものです。

◇罪刑法定主義

「法律なければ犯罪なく、法律なければ刑罰なし」。この有名な法格言に象徴される罪刑法定主義は、刑法の要となる法原理といってよいでしょう。罪刑法定主義とは、いかなる行為が犯罪であり、それに対してどのような刑罰が科されるかは、あらかじめ法律で明示されなければならないとする考え方です。今日、罪刑法定主義は、民主主義の原理と自由主義の原理とによって支えられていると考えられています[39]。

民主主義の原理とは、何を犯罪とし、それに対していかなる刑罰を科すかは、国民の代表者で構成される国会において制定される法律によって定められなければならないという要請です。民主主義の原理は法律主義ともいわれます。第3章で指摘したように、人権侵害の内容は自由概念から直接に導かれるものではなく、社会的創造物である以上、刑罰に値する人権侵害行為については、民主主義的な手続で決定されなければなりません。

自由主義の原理とは、犯罪と刑罰の内容をあらかじめ個人に明示して、個人がそれを避けて自由に行動することができるようにするという要請です。これは、個人がある行為を行った後に、国家が当該行為を犯罪とすることを許さないということであり、罪刑法定主義は、国家による刑罰権の恣意的な運用から国民を守る機能があります。

刑罰権の行使は、国家による典型的な権力の行使です。これが国家に委ねられているのは、各人の生命、身体、自由を守り、平和と安全を維持するという目的のためです。刑罰はそれ自体が自由の侵害ですから、国家は、刑罰権の行使を、あらかじめ法律によって決められた範囲に限定して、謙抑的に進めなければなりません。

◇刑事訴訟法――無罪推定の法理――

国家が刑罰権を行使するためには、犯人と思われる者を発見してその身柄を確保し、その者が刑罰を科す要件を備えているか否かを認定するための手続が必要です。この刑罰権を実現するための手続法が刑事訴訟法です。

憲法第三一条は、「何人も、法律の定める手続によらなければ、その生命若しくは自由を奪はれ、又はその他の刑罰を科せられない。」と規定しています。刑罰権を実現する手続についても、国家による一定の強制力の行使が不可欠ですが、その強制力の行使は、国会で定められた法律に基づくものでなければなりません。

刑事訴訟法では、捜査機関に対して、犯人の身柄を確保するための逮捕・勾留、証拠を収集するための捜索・差押えなどの強制権限を与えていますが、それらは、原則的に、裁判官・裁判所の発する令状によらなければなりません（憲法第三三条、第三四条、第三五条）。

また、刑事訴訟法には、無罪推定の法理という考え方があります。世界人権宣言第一一条一項は、「犯罪の訴追を受けた者は、すべて、自己の弁護に必要なすべての保障を与えられた公開の裁判において法律に従って有罪の立証があるまでは、無罪と推定される権利を有する。」と規定しています。犯罪者に対する国家の刑罰権は、適正な裁判を経て確認されなければなりません。確定判決を受けるまでの段階では、被疑者・被告人は、無罪であるという前提のもとに取り扱われなければなりません。

この原則は、フランス人権宣言第九条によってはじめて明示された基本的人権のひとつです。この法理の歴史的背景について、簡単に説明したいと思います。一七六一年、南フランスの中都市トゥールーズの布地商人の家で、三男が死体となって発見されました。嫌疑は家族に向けられました。官憲は、父親であるジャン・カラスらを、息子を殺害した嫌疑で逮捕しました。その取調べは、狂信的な新教徒一家が、改宗しようとした息子を殺害したという予断のもと行われました。その結果、トゥールーズ高等法院は、カラスに死刑判決を下し、カラスは処刑されました。彼は最後まで自らの無罪を主張し続けていました。

その後、この事件は、啓蒙思想家のヴォルテール（一六九四―一七七八）の目にとまり、彼はカラスの無実を確信し、カラスの名誉回復運動を精力的に行いました。そして、一七六五年、再審法廷（国王顧問会議および請願委員会）は、ジャン・カラスらに無罪判決を下し、カラスの名誉は回復されました。[40]

しかし、フランスでは、カラス事件の後も冤罪事件が相次ぎます。ヴォルテールは、審判手続の非公開性、法定証拠主義、被告人に弁護人が認められない点、未決拘禁が実質的に刑罰となっている点、被告人に対して拷問が認められている点などを批判していきます。また、旧体制下のフランスでは、国王の名のもと、一切の司法手続なしに身柄拘束を認める封印状（封印逮捕状）が発付されていました。こうした刑事司法に対する批判が、一七八九年のフランス革命の引き金のひとつとなったと言われています。

フランス人権宣言の成立過程で、無罪推定の法理を提案したのは、アドリアン・デュポール（一七五九−一七九八）です。デュポールは様々な司法改革に関与しています[41]。彼は、人権宣言の起草過程において、裁判中の未決拘禁者が受刑者と同様な劣悪な処遇を受けている当時のフランスの監獄の現状を指摘し、被告人の身柄を確保することが刑罰になってはならないと主張しました[42]。

無罪推定の法理は、フランスの旧体制下における未決拘禁者の劣悪な処遇、予断による有罪認定などを否定し、あるべき刑事司法を示す上での象徴的理念だったと言えるでしょう。

◇ 強制処分

捜査段階は、国家による権力的な活動と、被疑者・被告人に保障された刑事人権とがもっとも先鋭的に対立する局面です。第3章において、警察官の写真撮影に関する昭和四四年判例を紹介しました。この判例では、結局、警察官の写真撮影は違憲とは認められませんでした。それでは、どういった場合に、裁判所は、国家機関の行為を人権侵害と認めるのでしょうか。ここでは、人権侵害を認めた判例を紹介したいと思います。

近年、犯罪捜査の新たな手法が開発され、DNA型鑑定をはじめとした科学的捜査方法が進展を見せています。GPS（全地球測位システム）の端末機器によって被疑者の移動状況を把握する捜査もそのひとつです。事案は、警察が、窃盗の捜査の過程において、組織的犯罪か否かなどを解明するために、被疑者の承諾なく、また、令状を取得することなく、被疑者が使用する自動車などに六ヶ月の間GPS端末を取り付け、被疑者らの移動状況を把握したというものです。さて、こうした捜査手法は適法でしょうか[43]。

最高裁判所大法廷（最大判平成二九年三月一五日刑集七一巻三号一三頁）は、まず、憲法第三五条一項における「住居、書類及び所持品について、侵入、捜索及び押収を受けることのない権利」の保障対象には、「住居、書類及び所持品」ばかりではなく、「これらに準ずる私的領域に侵入されることのない権利」が含まれると指摘しました。その上で、大法廷は、本件事案につき、次のように判示して、本件捜査を違法と判断しました。「個人のプライバシーの侵害を可能とする機器をその所持品に秘かに装着することによって、合理的に推認される個人の意思に反してその私的領域に侵入する捜査手法であるGPS捜査は、個人の意思を制圧して憲法の保障する重要な法的利益を侵害するものとして、刑訴法上、特別の根拠規定がなければ許容されない強制の処分に当たる。」

最高裁は、第3章で検討した写真撮影は憲法第一三条違反ではないと判断し、今回のGPS捜査については人権侵害にあたると判断しました。この違いはどこから生じるのでしょうか。先の判例が一九六九年であり、今回の判例が二〇一七年ですから、プライバシー権に対する社会の意識が変化したことが理由のひとつと考えられます。同時に、次の観点も指摘することができます。

憲法第三五条一項は、「何人も、その住居、書類及び所持品について、侵入、捜索及び押収を受けることのない権利は、第三三条の場合を除いては、正当な理由に基いて発せられ、且つ捜索する場所及び押収する物を明示する令状がなければ、侵されない」と規定しています。この規定は、犯罪捜査のために捜索、押収などの強制処分が必要な場合があるが、それは裁判官・裁判所が発する令状に基づかなければならないとして、適正手続を具体化した規定です。

また、刑事訴訟法第一九七条は、「捜査については、その目的を達するため必要な取調をすることができる。但し、強制の処分は、この法律に特別の定のある場合でなければ、これをすることができない。」と規定しています。捜査機関による強制処分は、刑事訴訟法上の特別な規定に基づかない限り、行うことはできません。

最高裁は、人権侵害のメルクマールとして、その行為が、憲法の捜索・押収などに該当する行為すなわち刑事訴訟法の強制処分に該当する行為か否かという点を提示したものと思われます。今回のGPS捜査は、警察官が有形力をもって個人の自由を侵害したものではありません。しかし、最高裁は、「個人の意思に反してその私的領域に侵入する」ものとして、強制処分にあたるとしました。

第3章で指摘したとおり、私人間の問題である場合、裁判所が認定する人権侵害は、人権と人権との調整の問題になります。これに対して、国家機関による人権侵害の場合は、人権と国家機関の活動との調整の問題となります。私たちは、私たち自身の生命、自由および幸福追求に対する権利を守るために、それに反する一定の行為の禁圧を国家に委ねており、そのための正当な活動と認められる限りにおいて、公的機関による権力的な活動は許容されます。国家は、権力を行使することによって、人権保障を実効性あるものとすることができます。

しかし、権力の行使は、それ自体が自由の侵害ですから、その行使は、法律の定める適正な手続に従わなければなりません。今回の判例は、プライバシーの問題に関して、「個人の意思に反してその私的領域に侵入する」行為は強制処分であり、人権侵害だとしました。この判例は、法律の定める適正な手続に従わなければならない範囲についてのひとつのメルクマールを示しました。そのメルクマールが妥当であるかどうかはともかくとして、本判例は、個人の人権と警察権の行使との調整に関して、ひとつの基準を示したものと言えるでしょう。

◇ 難民の権利——人権のグローバリゼーション——

これまで本章では、人権を、国家との関係の中で考えてきました。しかし、世界人権宣言が掲げる人権の中には、国家との関係ではとらえきれない人権があります。難民の権利です。第一四条一項は、「すべて人は、迫害を免れるため、他国に避難することを求め、かつ、避難する権利を有する。」と規定しています。

難民の権利の名宛人は誰でしょうか。避難した庇護国でしょうか。別の国に避難した場合はどうなのでしょうか。

本書では人権を、「人格の自由な発展を妨げないことをすべての者に対して求めることができる個人の資格（権限）」と定義しました。この定義からすれば、個人は、国家が存在しなくてもまたは国家を超えて人権を主張することができます。

しかし、歴史的経緯からすれば、人権の概念は近代国家の成立とともに生まれたものであり、その名宛人は国家です。また、最終的に人権の保障をしなければならないのも国家です。しかし、戦後における国際連合やEUの創設は、人権侵害は国家を超えて問題となるものであり、その取り組みは国家を超えて行われなければならないことを示しています。世界人権宣言第一四条はそれを象徴する規定です。

難民の権利を保障する公権力は何でしょうか。この点は次のように考えるべきものと思います。世界人権宣言で規定されているとおり、すべての者には、難民となった場合に、難民としての権利が付与されます。この人権は、特定の国家を名宛人とするものではありません。一方、すべての国家には、難民から避難の申し出があった場合、適正に難民であることを認定し、適切に難民を保護する義務がありま す。すなわち、元来、人権は、特定の国家と特定の個人との間の特殊な関係性を前提とするものではないのです。

以上は、今のところ、理念型にとどまると言えるかもしれません。一九五一年に、難民の地位に関する条約が採択され、日本も、一九八二年に加入しています。しかし、二〇一九年、わが国に難民認定を申請した外国人一万三百七十五人に対し、難民と認定された者は四三人にとどまっています。ちなみに、難民の地位に関する条約の前文では、「難民に対する庇護の付与が特定の国にとって不当に重い負担となる可能性のあること並びに国際的な広がり及び国際的な性格を有すると国際連合が認める問題についての満足すべき解決は国際協力なしには得ることができないことを考慮」すると述べられています。

人権が守られるためには、それを担保するための公的機関が必要です。しかも、その機関は、人権を侵害する者を抑止しうるだけの力を持った公権力でなければなりません。しかし、その公権力が必ずしも国家である必然性はありません。国際連合やEUの取り組みは、国家を超えた人権保障システムを構築するための大いなる実験場と言えるでしょう[44]。この際に重要なことは、人権が普遍的、絶対的であることと対応して、すべての公機関は、元来、個人と公機関との特別な関係を前提とせずに、人権を擁護する義務を負っているということです。

第6章　人権の主張――自分を大切にすること――

◇　権利のための闘争

「法の目標は平和であり、それを達する手段は闘争である」。格調高い一文ではじまる『権利のための闘争』は、イェーリング（一八一八－一八九二）が一八七二年にウィーン法曹協会で行った講演をまとめたものです。

「国民の権利であれ、個人の権利であれ、およそいっさいの権利の前提は、いつなんどきでもそれを主張する用意があるということである」。「人格そのものに挑戦する卑劣な不法、いいかえれば、その実行の着手の仕方のうちに権利の無視、人格的侮辱といった性質をもっているような権利侵害に対する抵抗は義務である。それは権利者の自分自身に対する義務である―なぜなら、それは道徳的自己保存の命令であるから。またそれは国家社会に対する義務である―なぜなら、法が実現されるためにはそれが必要であるから。[45]」

イェーリングは、人権侵害に対して、自らの人権を主張することは、人権侵害を受けた者の義務であるとまで述べています。これはなぜでしょうか。

この点を理解するためには、第4章で指摘したホッブズの自然権の思想を振り返る必要があります。ホッブズは、生物一般の生命活動の根本を自己保存の本能であると考えました。そして、万人の万人に対する闘争を回避するために、私たちは市民国家に対して一定の権利を譲り渡しますが、譲渡できない権利があると言います。それが自然権すなわち自分自身の生命を防衛するという権利です。

イェーリングは、この点を踏まえ、人格的侮辱といった性質をもつ人権侵害に対して沈黙することは、人間の本性に反するものであり、それに対して自己防衛するために異議を申し立てることは、自己保存の命令にかなうことだと考えたのです。

◇　人権主張の意義

人権を主張することの意義を、本書の立場からあらためて確認したいと思います。

第2章で指摘したように、現代社会は構造的に人間を手段化・非人格化し、人間の心の中に他人を差別する心情を植え付ける社会です。「構造的に」という意味は、現代社会がもつ性質上、私たちは、知らず知らずのうちに、人をモノ扱いする方向に促されるということです。こうした社会にあっては、私たちは常に、「私はモノではない、私は人格である」と主張していく必要があります。

人間は目的であり、人間を手段として扱ってはなりません。「君の人格のうちにある人間性も、他のすべての人の人格のうちにある人間性も、常に同時に目的として用い、決して単なる手段として用いないように行為せよ」[46]。これは人間の主体性を強調したカント哲学の根本命題です。人格を目的として用いるとは、「自己の人格を自由に発展させること」自体を目的とするということであり、人間を別の目的の手段として扱ってはならないということです。

人権を主張するということは、自分自身が手段ではなく主体であることを自分自身で確認する作業です。同時に、自分が主体であることを社会に再認識してもらうための運動です。ですから、現代社会において、人権は常に主張するものとしてあるのです。

◇アサーション

人権の主張をすべきだということを、心理学の観点からみるとどうでしょうか。

アサーション（assertion）またはアサーティブネス（assertiveness）という考え方があります。アサーションとは、「相手を尊重しながら、自分の感情や要求を誠実に率直に相手に伝える」という意味です。

もともとは、一九五〇年代のアメリカにおいて、社会不安やうつ状態などの心理的な問題を抱える患者の症状や問題行動を軽減するための心理療法のひとつとして開発されました。その後、一九六〇年代の黒人の人権擁護運動、一九七〇年代の女性解放運動を経て、「人間であれば誰でも自己表現の権利を有する」という、人間性回復の思想として発展していきました。

現在では、社会的弱者が自己主張するためのスキルにとどまらず、さまざまな立場の人が、自分の気持ちや要求を適切に伝えるためのスキルとして、教育や企業研修に取り入れられています。

アサーションの理論では、コミュニケーションを、非主張的（ノンアサーティブ）、攻撃的（アグレッシブ）、アサーティブの三つに分けます。

非主張的な表現とは、自分の意見を押し殺して、相手に合わせるようなコミュニケーションです。非主張的な表現は、自分に対して自信が持てず、自分を後回しにして周りの人のことを考えようとする場合にとられることが多いと言われています。このような状態が長く続くと、不快感やストレスがたまり、蓄積された怒りは相手や関係のない人に向けられ、急に暴力的になったりすることもあります。

攻撃的な表現とは、相手の言い分や気持ちを無視して、自分の考えを主張するコミュニケーションです。その場の主導権を握るために、相手を操作して自分の思い通りに動かそうとします。結果的に、お互いが心地よい人間関係を築けないので、よいコミュニケーションとは言えません。

アサーティブな表現とは、自分の気持ちや考えを素直に、その場にふさわしい方法で表現することです。非主張的な表現、攻撃的な表現と違うのは、相手に対してもアサーティブに発言することを推奨する点です。

アサーションでは、①自分の気持ちや意見をはっきりさせること、②それを具体的に表現するスキルを身に付けること、③相手の思いを理解することの三つの要素が必要とされます。

アサーションは、「自分の権利のために立ちあがり、同時に、相手の権利も考慮する自己表現」であり、アサーティブに行動することは、まさに、人権の主張をすることだと言えるでしょう。[47]

◇法が実現されるということ

本章の最初で、イェーリングの『権利のための闘争』の一節を紹介しました。そこでは、「人格そのものに挑戦する卑劣な不法、いいかえれば、その実行の着手の仕方のうちに権利の無視、人格的侮辱といった性質を持っているような権利侵害に対する抵抗は……国家社会に対する義務である。なぜなら、法が実現されるためにはそれが必要であるから。」と述べられています。

規範とは、「〜すべきだ。」「〜すべきでない。」などという形で記述される判断・評価の基準です。このうち、法規範とは、国民の代表者が定め、裁判所によって具体的な事実に対して適用され、国家権力によって強制的に実現される規範です。人権との関係において、法が実現されるとは、憲法に定められた人権規範が具体的事実に対して適用され、それが実効性をもって実現されるということです。人権は、個人が裁判所に人権侵害を申し立ててはじめて、具体的な法規範となっていきます。

これは、新しい人権が作られていく過程においても同様です。一九九七年一一月、いつものように学校に向かっていた小学校二年生の片山隼（しゅん）君は、交差点で横断歩道を渡っているときに、大型トラックに轢かれて亡くなりました。大型トラックはそのまま走り去りましたが、運転手は、四〇分後に現場から程近い場所で逮捕されました。お通夜、告別式と悲しみのうちに過ぎていきました。加害者からは何の謝罪もありません。警察からも何の説明もありません。しばらく経ってから、ご両親が警察に事情説明を求めましたら、事件はすでに加害者の不起訴処分で決着していることが分かりました。

それから、ご両親は、警察や検察に説明を求め、自力で現場を検証し、目撃者から事情を聞き、署名運動を行いました。加害者を刑事裁判にかけるために、検察審査会に申し立てを行いました。結局、ご両親の努力が実り、加害者は業務上過失で起訴され、有罪判決を受けました。さらに、この事件をきっかけに、国会でも被害者問題が取り上げられ、二〇〇〇年には被害者保護のための法律も制定されました[48]。

この事件の場合、ご両親が泣き寝入りをしてしまったら、被害者の権利は何も実現することはなかったでしょう。先に、権利は法律によって強制的に実現されると述べました。しかし、法律それ自体が弱者を保護したり、正直者を守ったりするわけではありません。法は、個人が、法律に基づいて人権の主張を行い、また、法律の制定に向けた活動を行う中で、はじめて立ち現れてくるものなのです。

第7章　人権の擁護——ひとを大切にすること——

◇惻隠の心

ヨチヨチ歩きの赤ん坊が、ひとり庭で遊んでいます。庭の隅には堀井戸があります。すると、赤ん坊は堀井戸の方によたよたと歩き始めました。今にも堀井戸に落ちそうです。「危ない！」。このような状況をみれば、誰でも心が「はっ」とするはずです。それがどんな極悪人であったとしてもそうした気持ちを持っています。この「はっ」とする気持ちを惻隠（そくいん）の心といいます。孟子（紀元前三七二−二八九）が儒教の根本思想である仁の考え方を説明するために用いた有名なたとえ話です。[49]

このたとえ話は、誰でも、他人のことを自分のことのように心配する感情を持っていることを実に見事に示しています。「自分を大切にする」という人間の尊厳性の主張は、「ほかの人もかけがえのない存在だから大切にし、その人の心情や考え方を尊重しなければならない」という気持ちにつながっています。「大切に」という気持ちは、「自分がその人の立場だったらどうか」という感情なしには語れません。

◇ 想像力

「やっと人間になりました」。これは、ハンセン病訴訟において、熊本地方裁判所で国の責任を認める判断が下され、国が控訴を断念したときに、元患者の方から発せられた言葉です。人間はそれぞれに人としてかけがえのない生を生きようとする存在です。こうした人間の尊厳性を完全に否定されてきたのがハンセン病（らい病）患者の方々でした。わが国の場合、「文明国にはらい患者はいない」という発想に基づいて、国策としてハンセン病患者の隔離が進められてきました。患者は隔離病棟に閉じ込められ、一生をそこで過ごさなければなりません。病棟では自分の名前を変えさせられました。入所者同士が結婚する場合は子どもが産まれないように、男性の断種または女性の不妊手術が強要されました。療養所の中で死に絶えてもらうのがハンセン病患者に対する施策だったのです。しかも、一九四三年の特効薬プロミンの登場によって確実に治る病気になった以降も、隔離政策は続けられたのです。[50]

ところで、ハンセン病の患者の方たちの状況を共感的に理解するのは、なかなか難しい側面があります。実際のところ、若い人たちにとっては、ハンセン病の患者はかなりの世代間格差があり、患者たちの置かれた状況は今の常識では考えられないような厳しいものでした。感情としての共感は、時代的同時性とともに自分も同じ状態になりうるという身近さがなければ、なかなか湧いてきません。

しかし、人間の尊厳を回復させる取り組みをもっとも求められているのはこういった境遇にある人たちです。こうした人たちの人権を考えるためには、ハンセン病患者が辿ってきた差別の歴史、これまでの境遇、人権回復への努力、国の政策、社会の見方などについて学習することが必要です。また、実際に元患者さんたちに話を伺い、人権回復の運動にかかわることがあれば、より身近に感じられるでしょう。こうした学習、行動を行う中で、感性の点からも「他人事ではない」と考えられるようになるのです。このように、人権尊重の考え方を深めるためには、知性と想像力と行動力とが必要です。

◇　子どもの権利とは

前章において、人格を攻撃する不当な侵害に対しては、人権の主張をするべきだと述べました。しかし、いじめ問題などを考えると、簡単にそうだとは言えないでしょう。クラスでいじめを受けている子どもが、「そんなことをするな」とは言えないものです。また、もし異議を申し立てれば、ますますクラスで仲間はずれにされ、ますますいじめられることになりかねません。とくに子どもの場合、その未熟さや置かれた状況から、権利を主張しようにもできない状況があります。そうした中で、権利主張を求めることは、子どもをさらに困難な状況に追い込むことになります。それでは、どうすればよいのでしょうか。

いじめの意識は誰の心にもある根深いものですから、その意識自体をなくすことはできません。こうした中で、子どもの人権保障を実現するためには、子どもが人権の主張を行えるように、大人の側で配慮、支援をする必要があります。人権とは、「自己の人格の自由な発展を妨げないことをすべての者に対して求めることができる個人の資格（権限）」です。子どもの人権とは、子どもの人格の自由な発展が妨げられないように、公的機関など大人の側が、人権の主張を支援し、また、子どもの人権に配慮する義務を負うという性格を持った権利です。

◇子どもの権利条約――子どもの最善の利益――

子どもの権利については、すでに戦前の一九二四年に、国際連盟が、子どもの権利に関するジュネーブ宣言を採択しています。戦後、これを引き継ぎ、国際連合は、一九五九年の第一四回国連総会で、「子どもの権利宣言」を採択しました[51]。同宣言第二条では、その指導原理として、子どもには成長するための機会や便益が与えられるべきこと、また、この目的のために、立法上、子どもの最善の利益が考慮されなければならないことが明記されました。

子どもの権利宣言では、いまだ子どもの保護・援助という側面が重視されていましたが、一層、子どもの主体性を強調した形で成立したのが、子どもの権利条約（児童の権利に関する条約）です。子どもの権利条約は、一九七八年にポーランドによって最初の草案が示されてから一二年間の審議を経て、一九八八年に、国連総会において採択されました[52]。わが国は、一九九四年に批准しています。

この条約第三条一項は、条約の指導原理について次のように規定しています。「子どもにかかわるすべての活動において、その活動が公的もしくは私的な社会福祉機関、裁判所、行政機関または立法機関のいずれによって行われるものであっても、子どもの最善の利益（the best interests of the child）が第一次的に考慮される」。この規定は、上述した子どもの権利宣言を継承したものですが、子どもに関わるすべての活動に関して、諸機関は、子どもの最善の利益という観点から決定を行わなければならないことを指摘しています。先に述べたとおり、子どもの人権は、大人の側に支援・配慮を求める人権ですが、その支援・配慮を行うにあたって、大人の側は、子どもの最善の利益という観点から行わなければならないのです。

子どもの最善の利益という考え方には、もう一つ、重要な特色があります。それは、子どもに関する事項については、比較衡量論をとらないということです。比較衡量論とは、子どもの人権を保障することによって得られる利益とそれを制限することによって得られる利益とを比較し、前者が後者を上回る場合に、人権の保障を図ろうとする考え方です。子どもの最善の利益の考え方は、これを否定し、子どもに関わるすべての機関に対して、子どもの最善の利益は何かという観点からのみ判断することを求めています。

◇　意見表明権

さて、子どもの最善の利益とは何でしょうか。子どもの最善の利益は、それぞれの子どもの置かれた状況、それぞれの子どもの個性などによって異なっていきます。本書の立場からすれば、「子どもの人格の自由な発展を妨げないこと」が子どもの最善の利益だと言い換えることができますが、それでもその内容があいまいであることは否めません。

この点に関し、とくに注目すべき条項として、第一二条の意見表明権があります。第一二条一項は、「締約国は、自分の意見をまとめる能力のある子どもに対して、その子どもに影響を及ぼすすべての事がらについて自由に自己の意見を表明する権利を保障する。」と規定しています。

しかし、子どもの権利条約は、成人と同様に、子どもたちに対して、表現の自由を保障しています（条約第一三条）。それなのになぜ、子どもにはさらに意見表明権を保障するのでしょうか。

この規定は、実は、子どもの最善の利益条項と連動しています。子ども自身にかかわる問題に関しては、子どもの意見・思いを聞く必要があります。しかし、子どもは、自分の意見を人前で的確に述べることができない場合が多いものです。そこで、第一二条は、子どもが容易に意見表明できるように、大人の側で一定の配慮をしなければならないことを定めているのです。そして、大人は、子どもの意見を尊重しながら、子どもに関わる一切の事がらに対して、子どもの最善の利益という観点から決定をしなければなりません。子どもの最善の利益は、第一義的に、子ども自身の考え・思いを受け止めたものでなければならないのです[53]。

なお、一般に、意見表明権には二つの意義があるといわれています。

第一は、適正手続の観点です。適正手続のポイントは、「告知と聴聞」にあります。たとえば、夫婦が離婚し子どもの親権をどちらにするかを決める場合、子どもに対して事情を十分に説明し、子ども自身の意見、思いを十分に聞いたうえで判断しなければなりません。

第二に、子ども自身に関わる問題に対して自分の意見を表明させ、それを子どもにかかわる問題に反映させることによって、子どもの自己決定能力を促進させるという観点です。つまり、子どもに関わる問題について、そのプロセスに子どもを関わらせることによって、子どもの成長発達を促していこうということです。

◇ 成長発達権

子どもの権利条約第六条二項は、「締約国は、子どもの生存および発達を可能なかぎり最大限に確保する。」と規定しています。この規定は、わが国では、成長発達権を保障したものと理解されています[54]。

成長発達権とは何でしょうか。この中身は論者によって様々に論じられているところですが、すでに昭和五一年五月二一日の最高裁大法廷判決（刑集三〇巻五号六一五頁―旭川学テ事件―）が、その中身を適切に指摘しています。最高裁は、憲法第二六条（教育を受ける権利）に関連して次のように述べています。「この規定の背後には、国民各自が、一個の人間として、また、一市民として、成長、発達し、自己の人格を完成、実現するために必要な学習をする固有の権利を有すること、特に、みずから学習することのできない子どもは、その学習要求を充足するための教育を自己に施すことを大人一般に対して要求する権利を有するとの観念が存在していると考えられる。」

本判例は、憲法第二六条の趣旨を述べたものですが、子どもの成長発達権の説明としても通用するものだと思います。子どもの人権とは、子どもの人格の自由な発展が妨げられないように支援・援助を受ける権利ですが、これを子どもの側から捉えたのが成長発達権だと言えるでしょう。

子どもの成長発達の中身に関して、もう一つ権利条約の条文を指摘したいと思います。条約第四〇条一項は、非行少年の司法手続に関する規定ですが、次のような内容です。「締約国は、刑法に違反したとして申し立てられ、訴追されまたは認定されたすべての子どもが、尊厳および価値についての意識を促進するのにふさわしい方法で取り扱われる権利を認める。当該方法は、他の者の人権および基本的自由の尊重を強化するものであり、また、子どもの年齢および子どもが社会復帰し、社会において建設的な役割を担うことがなるべく促進されることに配慮するものとする。[55]」

この規定は、子どもの成長発達の一側面を的確に示しています。すなわち、成長発達権は、人権思想の根底にある人間の尊厳、人間の価値についての意識を育んでいくという性格をもった人権なのです。もちろん、人間の尊厳には、自分自身の尊厳と他の者の尊厳の両方が含まれます。

人権の尊重とは、「人間を自由な創造主体としてその未来を切り開く可能性を保障すること」すなわち人間の尊厳性を保障することです。子どもの成長発達権とは、人間の尊厳性の意識を醸成するという方向において、子どもが、大人からの支援・配慮を受ける権利を有するということだと思います。

◇　CAPの取り組み

それでは、子どもの人権意識を醸成するとはどういうことでしょうか。この観点における興味深い取り組みとして、CAP（Child Assault Prevention）プログラムを紹介したいと思います。CAPは、一九七八年に、アメリカのオハイオ州コロンバスにあるレイプ救援センターのプログラムとして始まりました。小学校二年生の女児がレイプ被害に遭った事件がきっかけとなり、子どもたちがこうした被害に遭わないためにはどうするかという視点から生み出されたプログラムです。現在では、全米のみならず、わが国でも各地で実施されています。[56]

従来、子どもの暴力被害に対する対応は、子どもは何もできないから大人が子どもを守るというスタンスでした。しかし、大人がいつでも子どもを守れるわけではありません。CAPプログラムの特徴は、子どもには自分の身を守る力があるということを前提に、子どもたち自身が有する暴力に対処できる力を引き出そうとするところにあります。

プログラムの中核となる子どもワークショップの一例を紹介します。研修を積んだ三名程度のCAPスタッフが、小学校のクラスを訪れます。スタッフは、まず子どもたちに自己紹介をし、今日行うプログラムの趣旨を説明します。続いて、「けんり」について分かりやすく説明します。たとえば、「今日はこのクラスだけ給食はありませんと言われたら、みなさんどうしますか。」「トイレに行ったらダメと言われたらどうですか。」などと問いかけ、「こんなふうに、人が生きていくときに絶対必要なことを〝けんり〟と言います」などと説明します。

次に、スタッフが、具体的な権利侵害の場面に関する寸劇（ロールプレイ）を演じます。たとえば、下校時に上級生が下級生に無理にカバンを持たせるという場面を設定して演じてみせます。その後で、子どもたちに聞いてみます。「みんな、下級生はどんな気持ちだったと思う。」「上級生のこうした態度はいいのかな。」「それじゃ、下級生の権利はどうすれば守れるんだろう」。その後で、子どもたちの意見も取り入れながら、被害に遭った場合の望ましい対応（成功ロールプレイ）を演じます。たとえば、通りかかった友人に説明して一緒に立ち会ってもらい、上級生の命令に対して、「いやだ、持たないよ。」と断固断る劇を演じます。最後に、子どもたち自身に参加してもらって、望ましい対応のロールプレイをもう一度演じてみます。そして、最後にもういちど権利についてまとめます。

CAPは、フェミニストの反暴力の運動から生み出されたものであり、そこには一つの哲学がありま す。その哲学とは、「エンパワーメント」の哲学です。エンパワーメントは後で取り上げますが、自分自身が元来有している力に目を向け、それを呼び覚まそうとするものです。そしてこの哲学は、子どもたちには、「安心して自信をもって、自由に生きる権利」があるということを前提としています。

人権を擁護するとは、本来、その人が持っている価値、その人が持っている力を引き出すための援助をすることです。CAPプログラムは、子どもの権利条約第四〇条の「尊厳および価値についての意識を促進するのにふさわしい方法で取扱われる権利」を実現するための、ひとつの具体的実践と言えるでしょう。

◇人権侵犯事案

これまで人権擁護について、子どもを中心に説明してきました。しかし、人権の擁護が必要なのは子どもばかりではありません。女性、高齢者、障害者、外国人、犯罪被害者など、人が人間らしく生きる権利を守るために援助を必要とする者はほかにもたくさんいます。

法務省には、人権擁護に関する事務を担当する人権擁護局があり、そのもとで、地方部局である法務局および地方法務局が実際の人権侵犯事案の調査・処理などを行っています。

また、人権擁護委員法に基づき、人権擁護委員が各市町村に配置されています。人権擁護委員は、法務大臣が委嘱する民間のボランティアであり、非常勤の国家公務員です。

ちなみに、二〇一九年において、法務局および地方法務局で人権侵犯事案として新規救済手続が開始された件数は一万五四二〇件でした。その内訳を見ると、①学校におけるいじめ事案一九・一%、②児童虐待などの暴行・虐待事案一四・九%、③インターネットなどによるプライバシー関係事案一四・二%、④パワー・ハラスメントなどの労働権関係事案一一・九%、⑤近所の騒音問題などの住居・生活の安全関係事案一一・九％、⑥セクシュアル・ハラスメントなどの強制・強要事案一〇・七％、⑦体罰などの教育職員関係事案六・四％、⑧障害者などの差別待遇事案四・一％でした。このほか、LGBTに関する事案などがあります。

◇ 権利擁護

また、寝たきりの高齢者、認知症の高齢者、障害者など自分の権利を表明することが難しい人たちの権利をその人の立場に立って代弁し、あるいは本人が自ら自分の意思を主張し権利行使ができるように支援することを「権利擁護」と呼んでいます。アドボカシー（advocacy）とも言われます。

たとえば、高齢者介護に関する問題であれば、市町村の地域包括支援センター（介護保険法第一一五条の四六）が介護に関する相談に応じ、成年後見制度の活用のサポート、高齢者虐待被害への対応などを行っています。

また、市町村の社会福祉協議会（社会福祉法第一〇九条）では、高齢者や障害者の生活や金銭管理に関する相談を受けたり、福祉サービスの利用の援助を行っています。さらに、社会福祉協議会内に「権利擁護センター」が設置され、担当の生活支援員が、支援計画を策定し、適切な福祉サービスを選択し、円滑に利用するための手続や支払いなどを支援しています。

また、二〇〇〇年から成年後見制度が始まりました。成年後見制度とは、認知症などによって判断能力が低下し、自分では適切に財産の管理などをすることができなくなった人が、第三者である「成年後見人」に財産管理や身上監護をしてもらう制度です。身上監護とは、本人の治療や入院の手続、施設などへの入退所の手続、住居の確保などに関する法律行為を行うことを言います。成年後見制度には、家庭裁判所の審判に基づく「法定後見」と、本人の判断能力が十分なうちに将来の後見人候補者と契約を締結しておく「任意後見」とがあります。

第8章　人間の尊厳性

◇人間の尊厳性

これまで第1部では、人権に対する違和感というテーマから始めて、人権の意義について様々な角度から検討してきました。

ところで、人権の考え方の根底には、人間に対するひとつの見方すなわち人間観があります。人間観とは、人間というものはこういうものだという人間一般に関する捉え方のことです。人権が前提とする人間観とは、「人間はそれぞれに生まれながらにして独自の個性、感性、能力を持っており、個人としてかけがえのない存在である」ということです。

ひとはそれぞれに、生まれた場所も時代も環境も性別も人種も異なりますから、生き方も当然ひとりひとり異なります。しかし、人はそれぞれに自分のよりよい生き方を模索し、人生を楽しみ、他の人たちとの関係を築き、善悪の判断をし、美を探究していく存在です。この点では変わりがありません。こうした存在であるということは、生まれたときから人間であることのみに基づいて主張することができるものです[57]。

以上の考え方を、人間の尊厳性（human dignity）または人格の尊厳性（dignity of personality）と言います。先に示したドイツ基本法において、「人間の尊厳は不可侵である」としているのは、この人権の根底にある考え方を宣明したものにほかなりません。

また、世界人権宣言第一条は、「すべての人間は、生れながらにして自由であり、かつ、尊厳と権利とについて平等である。人間は、理性と良心とを授けられており、互いに同胞の精神をもって行動しなければならない。」と規定しています。さらに、前文冒頭では、「人類社会のすべての構成員の固有の尊厳と平等で譲ることのできない権利とを承認することは、世界における自由、正義及び平和の基礎である」と述べられています[58]。

なぜ、ドイツ基本法や世界人権宣言において、人間の尊厳が強調されたのでしょうか。それは、第二次世界大戦下において、人命の軽視と差別の意識とが、どのような悲惨な結果をもたらしたのかということを考えざるを得なかったからです。ドイツ基本法や世界人権宣言の起草者たちは、人権を宣言するにあたり、その根本にある思想を明確に示さなければならないことを痛切に感じていたのです。

◇　セルフ・エスティーム

人間の尊厳性は、まず、自分自身が尊厳であるという感覚、意識から始まると考えてよいでしょう。こうした感覚を、心理学の分野では、セルフ・エスティーム（self-esteem）と呼んでいます。セルフ・

エスティームとは、自分自身をかけがえのない存在だと感じる感覚、自己に絶対的価値を認める意識です。自尊感情、自己肯定感などと訳されます。

セルフ・エスティームは、元来、心理学における自己概念の分析指標として研究が進められてきました。[59]その後、不安、抑うつ、アルコール依存、薬物依存などの症例において、セルフ・エスティームを高めることが患者の治療や社会復帰にとって大切であると考えられるようになりました。現在ではさらに、教育や人材育成の場面において、セルフ・エスティームを育てる研修などが盛んに行われています。[60]

心理学では、自己肯定感が高い人ほど、能動的であり、人の評価に振り回されことが少なく、自分の意見を伝えることができ、自分と同じように他者を尊重することができると言われています。反対に、自己肯定感の欠如は、しばしば、セルフコントロールを失い、依存症や摂食障害などの障害や自殺を引き起こす原因となることが指摘されています。

そして、セルフ・エスティームは、人権教育の分野においても、他人の人権を認めるためには、まず自分自身が人間として価値があるということを認めなければならないという文脈で主張されるようになりました。[61]人間の尊厳性の意識は、まず自分自身が尊厳であることを認めるということから始められなければならないことは間違いありません。

なお、セルフ・エスティームという概念には、二つの異なる内容があることが分かります。一つは、社会の中で自分は役に立っているとか、他人に優越しているという感情から生じるものであり、これは自信という概念に近いものです。もう一つは、自分の内なる安心感、満足感に由来し、自己受容や自分自身を愛するという感覚とつながっている感情です[62]。セルフ・エスティームの意識は、子ども期に、親が子どもにどのように接してきたのか、学童期に、教師やクラスメートがどのように対応したのか、それを子ども自身がどのように受け止めたかなどが影響します[63]。この意味では、セルフ・エスティームは、社会的な感情だと言うことができるでしょう。このうち、他人との比較ではなく、自分の内側から沸き上がり、自分自身を愛するという感覚に基づいているセルフ・エスティームが、人間の尊厳性につながるものだと言えるでしょう。

◇　エンパワーメント

また、私たち一人一人が潜在的に有している「自分自身の内側から湧き出る力」に目を向け、それを呼び覚まそうとすることを、エンパワーメント（empowerment）といいます。これは、「もっと自立しなければならない」とか「もっと個性的でなければならない」ということではありません。まず、あるがままの自分を受容し、さまざまな社会的影響の中で、片隅に追いやられている自分自身の感性を掘り起こしていこうということです[64]。

エンパワーメントの考え方は、アメリカの社会福祉の分野において、社会的に差別された人たちが生活を統制する力を取り戻すためのソーシャルワークの支援方法として発展しました。その後、一九五〇年代からの公民権運動、一九七〇年代のフェミニズム運動、ベトナム反戦運動などにおいて、社会的弱者が力を取り戻す過程を示すものとして広範に用いられるようになりました。

また、教育の分野では、ブラジルの教育思想家パウロ・フレイレ（一九二一－一九九七）の思想が重要な役割を果たしたと言われています。フレイレは、教師が一方的に知識を伝授する教育を「銀行型教育」と呼んで否定し、「問題解決型教育」を志向します。問題解決型教育とは、教育する側と教育を受ける側とが対等の立場で対話を行うことによって、両者が成長していく教育です。問題解決型教育では、教育を受ける側は、自らの前に現れる世界を自らとのかかわりの中でとらえ、理解する能力を開発していきます。フレイレ自身はエンパワーメントという概念は用いていませんが、まさに、エンパワーメントの教育です[65]。

人権は生得的だと言われます。その意味するところは、私たち一人一人が「自己の人格を自由に発展させる者」としてこの世に生を受けたということです。しかし、私たちは、現代社会の中で生きていくうちにそれを忘れてしまいます。私たちは知らず知らずのうちに、自分自身の生き方の指針を自分の外側に求めるようになります。最初は親による比較から始まることが多いでしょう。「うちの子は〇〇ちゃんより話をするのが遅い」、「お兄ちゃんのくせに」などです。そこに、否定的な評価が加わっていきます。「どうしてできないの」、「お前は頭が悪い」、「障害者だから」などなど。さらに、否定的評価は虐待、いじめなどによって強化されていきます。私たちは、成長する過程で、元来、私たちに備わっている内的な力を抑圧してしまっているのです。

エンパワーメントとは、「人間はみな生まれながらにみずみずしい個性、感性、生命力、能力、美しさを持っている」ことを信じ、元来の自分自身を取り戻すということです[66]。

◇ 人間の尊厳性の起源・その1（神の像）

人間の尊厳性は、古代ローマから用いられている概念ですが、今日につながる尊厳性は、歴史的には三つの起源を有すると考えられています。ひとつはキリスト教であり、二つ目はカントなどの啓蒙期の哲学であり、三つ目はナチスドイツのホロコーストに対する反省です。ここでは、その内容を概観したいと思います。

まず、キリスト教における人間の尊厳性ですが、実は、キリスト教では、人間の尊厳という思想はありません。なぜなら、キリスト教では唯一尊厳なる存在は神だけだからです。キリスト教で取り上げられるのは、神の像または神の似姿（imago dei）という考え方です。

創世記第一部第一章二二節には、「そこで神が言われた、『われわれは人をわれわれの像（かたち）の通り、われわれに似るように造ろう。彼らに海の魚と天（そら）の鳥と、家畜と、すべての地の獣と、すべての地の上に這うものとを支配させよう』と。」という一文があります[67]。ここから、キリスト教では、尊厳なる神が神の像（神の似姿）として人間を創造したという考え方が生まれることになりました。

さて、神の像（神の似姿）とはどういうことでしょうか。右の文章からすると、人間は神に似せて創造されたのであり、人間は他の動物に優越する存在であることを述べたようにも解釈できます。しかし、その後のキリスト教思想では、神の像は、少し違った形で理解されています。

古代キリスト教における最大の思想家アウグスティヌス（三五四-四三〇）は、人間は自らの理性や知恵を用いて、自らの創造主たる神を認識し、神を愛し得るがゆえに「神の像」であると述べています。[68]

また、中世最大の哲学者トマス・アクィナス（一二二五-一二七四）は、神の本質を見る者は、その知性と感性とによって神を認識するのだが、神の本質を見るためには、見る者に、神自身に由来する何らかの超自然的な能力すなわち神の似姿が加えられなければならないと語っています。[69]

すなわち、キリスト教では、人間は、尊厳なる神を認識し受容する知性を有する点において、「神の像」であると考えられてきたのです。[70]

◇ 人間の尊厳性の起源・その2（カント哲学）

世界人権宣言に人間の尊厳性が明示された背景として、カント哲学の自律性の思想を見る見解が有力です。カントは、神よりも道徳律を絶対化し、人間の尊厳概念を世俗化しました。カントの思想については第2部で改めて検討しますが、ここで簡単にまとめておきたいと思います。

カントは、道徳性はそれ自体が価値を有するものであり、道徳性を有する人格は尊厳の対象であると考えました。カントは述べます。「理性的存在者の自律（自己立法）こそ人間存在およびあらゆる理性的存在者の尊厳の根拠なのである」[71]。人間の人格の核心をなすのは、私たちの内側にある道徳性であり、この道徳法則を自ら創造する主体であることこそが人間の尊厳性の根拠であるとカントは考えたのです[72]。

◇人間の尊厳性の起源・その3（ホロコースト）

第二次世界大戦中、アドルフ・ヒトラーが唱えたアーリア人至上主義というイデオロギーのもと、何百万人もの人々——ユダヤ人、同性愛者、共産主義者、精神障害者など——が組織的な迫害を受け、アウシュビッツなどの強制収容所に送られました。強制収容所で亡くなった人は六〇〇万人とも言われています[73]。

二〇一九年一月、国連本部で「ホロコースト追悼式典」が開かれ、ポーランド系ユダヤ人のマリアン・トゥルスキーさんは、アウシュビッツ強制収容所で過ごした当時の状況について、「自分には名前も、何もないと感じた。あるのは体に入れ墨でいれられた数字だけだった。」「人間ではなく、シラミや南京虫、ゴキブリのように扱われた。」と語りました。

一九四八年に国連総会で採択された世界人権宣言は、ホロコーストに象徴される第二次世界大戦中の残虐行為への反省から生まれたものです。同宣言では、「すべての人は、人種、皮膚の色、性、言語、宗教、政治上その他の意見、民族的出自、社会的出身、財産、門地その他の地位など、いかなる事由によっても差別されない」と明記されています。

◇ 人を殺す自由

一九九七年に神戸で起きた小学生連続殺傷事件以来、少年による凶悪事件がマスコミを賑わせることが多くなりました。その中に、二〇〇〇年に起こった愛知県豊川市の主婦殺害事件があります。成績優秀な高校三年生が、夕食の支度を終えた主婦を殺害した事件です。この少年は、警察の取り調べに対して、「人を殺す経験がしてみたかった。」、「人を殺したときに自分の気持ちがどうなるのか知りたかった。」と述べたと言われています。この言葉をマスコミはセンセーショナルに取り上げました。

しかし、一層衝撃的だったのは、この事件に関してテレビのインタビューに答える少年たちの中に、加害少年に共感を覚えている者が少なからずいたことです。少年たちは逆に、「なぜ人を殺してはいけないのですか」という質問を大人の側に投げかけました。この質問に大人たちは戸惑いました。「そんなことを聞くこと自体がおかしい」と述べた識者もいます。人を殺してはいけないのはあまりにも自明のことなので、大人の側もちゃんとした答えを用意していなかったというのが正直なところではないでしょうか。

さて、この少年たちの問いは、言い換えれば、「人を殺す自由はあるのか」ということになるでしょう。人を殺す自由があるなどとは到底思えません。しかし、どうして、人を殺す自由はないのでしょうか。

自分がかけがえのない存在であるのと同じように、他の人も、自由な創造主体としてかけがえがない存在です。生命は、「自由な創造主体」すなわち人格発展の基盤として絶対的なものです。命が絶たれれば、未来を切り開く可能性は完全に絶たれてしまいます。憲法上、「人を殺す自由」が認められないのは、殺人がその対象となった個人の尊厳すなわちその自由な創造主体性を完全に否定してしまうからです。憲法は人格の尊厳を否定する行為を一切認めないのです。「人権」とは、何かを行うことを保障するものではなく、自由な創造主体たる人格を保障するものです。「人権」は、個人が未来を切り開いていくことを保障するものであり、未来を閉ざしてしまう行為を保障するものではありません。

◇人間の尊厳の中身

本書では、人権を、「自己の人格の自由な発展を妨げないことをすべての者に対して求めることができる個人の資格（権限）」と定義しました。そして、人権の根底には、人間の尊厳性という思想があります。私たちは、この思想に基づいて、人権侵害の相手方に対して、または公権力に対して、人権の主張を行うことができるのです。

人間の尊厳性とは、「自分を大切にし、他人を大切にする」という極めてシンプルな思想です。これは、キリスト教の黄金律や孟子の惻隠の情とその内容において何ら変わるところはありません。そして、人権の主張とは、人間の尊厳性が貶められたときに、「自分はかけがえのない大切な存在だ」と主張することです。また、人権の擁護とは、「他の人もかけがえのない大切な存在だ」として、その権利主張を助けることです。

第1部を終えるにあたり、「自分を大切にし、他人を大切にすること」の中身について若干の整理をして、ここまでのまとめとしたいと思います。

第一に、自分を大切にするとは、自分が心から「よい」と思えることを行うこと、自分の良心の声に従うことです。はじめに述べたように、「自由」とは、「自己の人格を自由に発展させること」ですが、これは元来、自分が「なすべきである」と考えていることをなすという意味です。

第二に、自分を大切にするとは、「自分のありのままを肯定的にそのまま受け入れる」ことです。ひとはそれぞれに性格も境遇も異なります。しかし、それぞれに違うからこそ価値があるのです。今の自分をそのまま受け入れて、今を楽しむべきです。また、自分の置かれた状況から、なすべき何かを見出したら、それを自分の使命と考えて立ち向かってゆくべきです。

第三に、自分を大切にするとは、「生きがいのある生」を生きることです。たとえば、みなさんが誰かから仕事を頼まれたとしましょう。いやいやながら仕事をしても、あなたの人生にとっては何の価値もありません。自分がその仕事に生きがいを感じてこそ意義があるのです。

第四に、自分を大切にするとは、他人との比較をしないことです。私たちは自分の境遇や能力と他人の境遇や能力とを比較して一喜一憂します。しかし、人間の価値は、「モノ」を認識し比較することができる知性をもった「主体」である点にあります。自分自身を比較することは、自分を「モノ」扱いすることです。

最後に、今まで述べたことに関係しますが、自分を大切にするとは、「他の人も大切な存在だ」という気持ちをもって行動することです。私たちの良心の声の中には、まちがいなく「他の人を大切にする」ということが含まれています。

第2部　なぜ人は尊厳なのか

第1章　「人間の尊厳性」の根拠を求めて

◇あまりにも小さき存在

みなさんは葬式に参列したことがあるでしょうか。私は中学生のころはじめて参加した葬式で、奇妙な感覚にとらわれたことを憶えています。故人は私と親密な関係にあった人ではありませんでしたが、葬儀場の雰囲気、近親者の方々の悲しみの様子から関係者にとって故人の存在がどれほど大きいものだったかが伝わってきました。ところが、葬儀場から一歩足を踏み出すとどうでしょう。そこにはいつもと同じ日常がありました。世の中の喧騒は変わるところがありません。そのとき、「ひとりの人間の生死はこの世の中の動きとは何の関係もないんだなあ」と不思議な感じがしました。

みなさんは自分自身の存在が無意味に思えることはないでしょうか。教室で授業を受けていても何だかむなしい。自分がその場にいなくても授業はいつも通り進んでゆくだろう。自分が社会に役立っているという実感はない。何のために私は生きているのか。私が死んでもこの世の中は何も変わることはないだろう。自分の能力では将来大した者にはなれそうにない。このまま死んでしまった方がよいと。

また、宇宙に目を向けると、人類自体があまりにも小さな存在であることに呆然とさせられます。この地球上で人間ひとりが占めている部分は微々たるものです。その地球も太陽と比べると表面積は一万二〇〇〇分の一だそうです。私たちの住む銀河系には、太陽のような恒星が約二〇〇〇億から四〇〇〇億個あると推定されています。そして、宇宙全体では銀河系と同じような銀河が数千億あるといわれています。こうした宇宙全体から見れば、私たち人間の営みは無意味といってよいほど小さなものです。

◇ 人間の尊厳は砂上の楼閣か

ところで、第1部において、私は、人権の思想の根底には「人間の尊厳性」という考え方があると述べました。人間は、それぞれ生まれながらにして独自の個性、感性、能力を持っており、個人としてかけがえのない存在です。かけがえがないからこそ、私たち自身を大切にしなければならず、自分以外の人たちも大切にしなければなりません。かけがえがないからこそ、私たちは「自分はかけがえのない大切な存在である」と主張すべきであり、「他の人もかけがえのない大切な存在である」として、その権利主張を助けなければならないのです。

しかし、自分の存在が無意味としか思えない人間が、どうして「尊厳なる存在」なのでしょうか。人間というのは概して何ものかにすがろうとする弱い存在ですから、「すべての人間はかけがえがない」といわれれば自尊心がくすぐられ、一種の慰めにはなるかもしれません。しかし、「人間の尊厳性」という考え方は、私たちに慰め以上の何を示しているのでしょうか。

また、人間の中にはいろいろな人がいます。たいへん立派な人格者もいれば、何人もの人間を殺すような残虐な人間もいます。そうであるにもかかわらず、どうしてすべての人間が尊厳なのでしょうか。

「人間の尊厳性」とは、人権の根底にある人間に対するひとつの見方すなわち人間観です。この人間観が崩れれば、同時に、人権の思想も崩れ去ってしまいます。もし、この人間観が、哀れな人類に対する慰めに過ぎないものであるならば、「人権」は実に弱々しい基盤の上に築かれた砂上の楼閣に過ぎないことになるでしょう。

なぜ、私たちは尊厳なのでしょうか。また、そもそも私たちが尊厳であるとはどういう意味でしょうか。第2部では、人権の基底にある「人間の尊厳性」の意味を探っていきたいと思います。

◇二つの尊厳性

二〇〇一年の一月、私は仕事で東京に出かけ、帰りは恵比寿駅から山手線に乗ろうとしました。しかし、新大久保駅で人身事故が発生し、山手線はまったく動かない状態でした。山手線に人身事故は多いのですが、こんなに長引いているのは珍しいことです。直後の情報では、酔っ払いが線路に転落して、それを助けようとした友人が巻き込まれて三人ともに死亡したというものでした。悲惨だと思いましたが、仕方のない連中だとも感じました。しかし、その後のニュースで、落ちた男性を助けようとした二人はその男性とはまったく関係のない人たちで、線路に落ちてしまった男性をとっさに助けようとしたところ、列車が入ってきてしまい、逃げ場を失って命を落としてしまったことが明らかとなりました。

私たちは身も知らずの他人を助けようとして自らの命を落とした横浜市のカメラマン関根史郎さんと韓国人留学生李秀賢さんの行動を尊いと思います。この二人の行動は、人間の精神または行動の中に「尊厳」という言葉に値するものがあるということを思い起こしてくれたのではないでしょうか。

同時に私たちは、はるかかなたの山々に沈みゆく太陽を眺めたとき、海を遠くまで見晴らせる岬から地球の丸さを感じさせる水平線を見たとき、生命が生まれる瞬間に立ち会ったとき、またその成長を眺めるときなどに尊厳性を感じるのではないでしょうか。

近代に入って、「人間の尊厳性」をはじめて明確に示したのは、哲学者カント（一七二四－一八〇四）であるといわれています。彼はその著『実践理性批判』を次のような有名な言葉で締めくくっています。「私たちがそれを考えることしばしばにしてかつ長ければ長いほどますます増大してくる新たな感歎と崇敬とをもって心を満たすものが二つある。それはわが上なる星の輝く空とわが内なる道徳法則とである。」[74]

◇ わが内なる道徳法則

カントのいう「わが内なる道徳法則」こそ、その後「人間の尊厳性」として人権思想の根底に据えられることになる考え方です。それでは、どうしてカントは、「わが内なる道徳法則」を「尊厳」だとするのでしょうか。

カントは述べます。「それゆえ、道徳性だけが、そして道徳性を備えているかぎりの人間性だけが尊厳をもつ。労働における熟練や勤勉は市場価値をもつ。機知やはつらつとした構想力や諧謔は愛好価値をもつ。それに引き換え、約束における忠実や、原則に基づく善意は内的価値を持つのである」[75]。カントの言い方は少々硬いのですが、道徳的行動を行うことは、それが何かの役に立つからではなく、「良いことを行うこと」自体に価値があるのであり、それゆえに尊厳なのだというのです。言いかえれば、道徳性はそれ自体が目的であるので尊厳だというのです（自己目的性）。

しかし、そうしますと、「人間」が尊厳なのではなく、「道徳性」が尊厳だといえばよいわけです。なぜ、「人間」が尊厳なのでしょうか。この点についてカントは次のように述べます。「理性的存在者の自律（自己立法）こそ人間存在およびあらゆる理性的存在者の尊厳の根拠なのである」[76]。これもまた硬い表現ですが、言いたいことは、「道徳性」は外から与えられるものではなく、私たちの内面から湧き上がるものであり、それゆえに私たちは尊厳なのだというのです。この点は、私たちが道徳を自ら創造することができるということですので、「人間の自律性」といわれています。

このように、私たちの有する道徳性（良心）の「自己目的性」と「自律性」のゆえに、私たち人間は尊厳であるとカントは考えたのです[77]。

◇ わが上なる星のかがやく空

人間の道徳性を高らかに謳ったカントは、同時に、「わが上なる星の輝く空」にも尊厳性を認めています。「星の輝く空」に尊厳性を感じるとは、自然の摂理の中に尊厳性を見ることだといえるでしょう。カントは、心を洗うような満天の星空に感覚的な崇高さを感じるとともに、ニュートンによって明らかとされた宇宙を支配する数学的秩序に思いをはせ、この世界の統一性・法則性に尊厳性を認めたのです。[78]

ところで、「わが内なる道徳法則」に尊厳性を認めることと、「わが上なる星の輝く空」に尊厳性を認めることとは、どのような関係にあるのでしょうか。「星の輝く空」の尊厳性は、さらに考えると、宇宙の統一性・法則性への敬意であり、それは、宇宙秩序の創造またはその創造者に対する尊敬の気持ちといえるでしょう。キリスト教では、創造主たる神が尊厳な至高の存在とされています。多神教の日本では、自然の中に八百万の神々を見出し、そこに尊厳性を認めてきました。つまり、尊厳性の感情とは、究極的には、この宇宙を自ら創造し、一定の法則性を付与している存在、創造者に対する畏敬の念といえるのではないでしょうか。

このように考えれば、「内なる道徳法則」の尊厳性と「星の輝く空」の尊厳性との共通点も明らかになってきます。つまり、両者ともに、それを作り出すこと自体が価値あることであり（自己目的性）、また、人間のまたは創造主の内側から湧き出る創造（自律性）であるのです。その自己目的性および自律性こそが「尊厳性」の根拠なのです[79]。私たちの道徳性すなわち「内なる良心の声」が尊厳であるという感覚は、この世界秩序の創造に対するあるいはその創造者に対する尊厳性に連なっている感情だといえるでしょう。

◇生きていても仕方がない

ところで、冒頭において私は、「自分など生きていても仕方ない」と感じることがあると述べました。この場合、私たちは何に対してそのように感じるのでしょうか。よくよく考えてみれば、「生きていても仕方がない」とか「生きている価値がある」という場合、「世の中」とか「世界」の存在が前提とされています。「世界」や「社会」のなかで、「自分は生きている価値がある」とか「生きていても仕方がない」と感じるのです。そして、この見方は、ちっぽけな自分自身と比べると途方もなく大きな世界が存在し、その世界は生きている意義が見つけられない自分と比較すると間違いなく確固として存在しているということが前提となっています。その存在する価値のある世界と比較して、または世界の役に立っていると思われる他の人と比較して自分自身が情けなくなってしまうのです。

◇「人間の尊厳性」の根拠を求めて

こうしてみますと、私たちの尊厳性は、「世界の尊厳性」との関係の中で確認されなければならないのではないでしょうか。というのは、私たちは、常識的に「世界の存在」を確かなものと感じ、その確かな世界と比べながら、「自分の存在」の確からしさに疑問を抱いているからです。カントは人間の自己目的性と自律性とが「人間の尊厳性」の根拠だとしましたが、人間の尊厳性は、自己目的性と自律性の点で世界秩序の創造（者）と共通しており、それが尊厳性の感情を呼び起こしているのではないかと考えられます。ただし、それは、私たちの創造性と世界の創造性との共通点から、感覚的に「つながっているのではないか」と推定したに過ぎません。ですから、私たちの創造性と世界の創造性との関連性を科学的に説明することができれば、私たちの尊厳性はゆるぎないものになるように思われます。

さて、私たちの創造性と世界の創造性との関連性を確認することはできないでしょうか。カントの時代には難しかったことですが、今日における人文科学、自然科学の発達は、人間の創造性と世界の創造性とのつながりを強く示唆しているように思われます。そこで次章では主として人文科学の見地から「この世界は私たちが認識する世界である」ということを、次々章では主として自然科学の見地から「外的世界の存在には私たちの知性が関係している」ということを示したいと思います。こうした検討を通じて、世界の創造性と人間の創造性とのつながりを明らかにし、「人間の尊厳性」の意味について改めて考えてみようと思います。[80]

第2章　世界を認識するということ

◇私は考える、だから……

私たちは、感覚器官を通じてこの世界を認識し、世界が間違いなく存在すると考えています。しかし、確かに存在しているのは「世界」でしょうか。そうではなく、むしろ世界が存在していると考える私たちの「考え（認識）」の方ではないでしょうか。[81] 私たちが存在していると考えている世界は幻影に過ぎないかもしれません。ギリシアの哲学者プラトン（BC四二八－三四七）は、「洞窟の比喩」において、人間の感覚を頼りにする現実世界は、奥深い洞窟の中でともしびの光が映し出す「影」を見ているようなものだと述べています。[82]

認識するこころ（精神）と認識される世界（物質）とが存在するという考え方を精神と物質の二元論（物心二元論）と言います。こうした考え方をはじめて明確に主張したのはフランスの哲学者デカルト（一五九六－一六五〇）です。彼は、「考える私（精神）」が一切の物質性から独立した存在であることを明らかにしました。[83] ただしその後、この物心二元論は、デカルトの主張を越えて、物質（世界）も人間の認識から独立した客観的実在であり、私たちが世界を認識するしないにかかわらず「世界」は存在していると考えられるようになります。

しかし、私たちの認識を離れて「世界」は存在するのでしょうか。デカルトは、『方法序説』において、ほんのわずかでも疑いの残るものは投げ捨て、そうした上でまったく疑いえぬものを捜し求めた結果、決して疑いえないものがあることを見出しました。それは「私は考える、ゆえに私はある」ということです。[84]私たちはデカルトのように、私たちにとって確かなことから議論をはじめたいと思います。

外的世界が存在するかどうかは明らかではありません。それは、私たちの認識作用を通じてしか判断できません。しかし、私が「世界が存在すると考えている」ことは確かです。私たちがはっきり言えることは、外的宇宙の存在ではなく、私たちがこの世界が存在すると「考えていること」なのです。まず、この点を確認しておきたいと思います。

それでは、私たちはどのように世界が存在すると考えているのでしょうか。実のところ、私たちが「世界の存在」と考えていることの多くは、よくよく検討してみると、私たちの「知性」の産物であることが分かります。[85]

◇ 世界を認識すること・その1（記憶）

今は春。満開の桜が風に吹かれて舞い始めました。うす紅色の花びらが青い空を埋め尽くします。花びらのひとつが、ちょうど私の肩に落ちました。

ところで、私たちはどうして「花びらが舞っている」ということを認識できるのでしょうか。視覚というのは刹那的なものです。人間の網膜を刺激する光は、私たちの視神経を刺激した時点で消えてなくなってしまいます。それでもなぜ私たちが桜の花びらの軌跡を追えるのかといえば、一秒前の花びらの状態を私たちが〝記憶〟していたからです。

一秒前の花びらの位置を覚えており、現在の花びらの位置と比較して花びらが舞っているという認識が生じます。記憶の力なくして、私たちは物質が動くということを認識することはできません。この世界は移り変わってゆくものですが、そうした世界を私たちが認識できるのは、現在の認識とともに、過去を記憶しているからです。世界の認識とは、今まさに感覚器官を通じて行われる外界の刺激の認識と先に認識した事象の記憶の総体としてあるものなのです。

外界の世界が実際に運動をしているかどうかは分かりません。明確に言えることは、世界の活動の認識には、記憶という人間の有する「知性」の作用が関係していることです。

◇ 世界を認識すること・その2（知性の統合作用）

夏の海。水平線がはるかかなたに見えます。穏やかな波の音、潮の香り、夏草のむっとするにおいがします。海水に手を浸すと温んだ心地よさがあり、なめてみると独特の塩辛さがあります。私たちは夏の海を身体全体で感じます。

さて、私たちが世界を認識する場合、視覚だけによる認識に加えて聴覚、臭覚、触覚、味覚などによる認識が加わりますとその認識はより確かなもののように思われます。夏の海は間違いなく存在する、と思います。

しかし、たとえば、自分が見晴らしている海と、自分が手で感触を楽しんでいる海と、潮の香りをかいでいる海と、どうして「同じ海」だと言えるのでしょうか。いろいろなことを考えないで、目をつむり、匂いもかかずに海に手を入れてみましょう。よく分からない一定の感触があるだけです。皮膚の感覚器官を通して一定の感覚が伝わったというだけです。

私たちは物事を、目や耳や鼻や舌や皮膚といった感覚器官を通じて、視覚、聴覚、触覚、嗅覚といったさまざまな「知覚」を通じて認識しています。視覚、聴覚、触覚、臭覚はまったく別の感覚器官からもたらされる刺激です。私たちはそれら別々の刺激を統合し、ひとつの世界を組み立てているのです。これはたいへん不思議なことです。私たちは単に外界の世界を写しとっているだけだと考えがちですが、そんなことはありません。身体全体の様々な感覚器官からもたらされる刺激を統合してひとつの世界を構築する能力を私たちはその内に備えているのです。感覚器官からの信号を統一し、ひとつの世界を認識させているのは人間の知性なのです[86]。

だから、確かなのは、様々な感覚を私たちに与える総体としての外的な世界が存在することではなく、感覚器官の刺激を統合する私たちの「知性」が存在するということです。

◇世界を認識すること・その3（切り取り）

私は今、全山紅葉に染まった山並みを眺めています。ブナやならの黄色の中にもみじの赤が鮮やかです。私たち日本人にとって山は心のふるさとです。

ところで、「もみじは赤い」という場合、「赤い」のは「もみじ」の属性でしょうか。どうもそのようには言えません。なぜなら、私たちの目は可視光線の範囲でのみ認識が可能であり、その外側にある赤外線や紫外線、エックス線などを認識することはできません。山に反射してもたらされる光も、実際には様々な光があるはずですが、私たちが認識できるのは一定の範囲の光なのです。もし、私たちの目が赤外線や紫外線を認識することができたら、もみじはきっと違ったように見えることでしょう。

同じことは聴覚刺激についてもいえます。私たちが聴くことのできる音は、その振動数が二〇〜二〇〇〇〇ヘルツ程度に限られ、それ以上および以下の音は私たちの耳に届きません。私たちは、外界のおびただしい刺激の中の一部を「切り取って」認識しているのです。

ですから、「赤いもみじ」という場合、それは私たちの知覚作用によって認識した範囲における色の認識であり、そうした認識作用から切り離された実体として「赤いもみじ」なるものが存在するわけではありません。この意味において、色の認識という単純な事がらも、私たちの知的作用を離れて存在しないことが分かります。

また、そもそも、山を眺めるという場合、私たちが眺めているのは、山に反射して視覚器官に到達した太陽光線です。光エネルギーが視神経を刺激し、それが電気信号となって私たちの大脳に至り、脳内の情報処理システムによってそこに山が存在すると教えているのです。しかし、視神経に刺激を与えているのは光であり山そのものではありませんから、山が存在するという認識は、直接的には、光線を知覚する私たちの認識作用の賜物といえるでしょう。

◇ 世界を認識すること・その4（意味付け）

「星はすばる。ひこぼし。ゆうづつ。よばい星、少しをかし」。枕草子（二五四段）のなかで清少納言は、最も魅力のある星として「すばる」を挙げました。すばるは、冬の空にオリオン座の左上に位置する牡牛座の背中の部分にあたる星の集まりです。この星団は青白い光を放つ一二〇個ほどの星々からなるのですが、実際に肉眼で確認できるのは七つ程度です。それでも、星々がごちゃっと集まり、私には柄の付いた団扇のように見えます。元来、「すばる」は「統る（すまる、ひとつにまとまる）」という意味に由来するようです。

ところで、私たちは「すばる」を「星」と認識して眺めています。星であるという認識とは、宇宙空間に浮かび、太陽と同じ高温の球体であり、眺めれば私たちを厳かな気持ちにし、星座や神話などが作られているなどと認識しているということです。一定の意味付けをおこなって星を見ているのです。

星に対する意味付けは、それぞれの人間で違ったものになるでしょう。天体観測に興味のある人なら、すばるが地球から四一〇光年離れており、西洋ではギリシア神話の七人の姉妹から名をとって「プレアデス星団」と呼ばれているなどの知識や、苦労をして写真をとった体験などが加わります。そうした思いの総体として星を眺めることになるのです。

一定の意味付けを行いながら認識するということは、私たちが見間違い（認知の錯誤）をすることからも分かります。夕方の空に奇妙な動き方をする物体を認めたので、UFOだと思ったらヘリコプターだったといった経験を私たちはよくします。知覚心理学では、同じ絵が壺に見えたり、相対した二人の横顔に見えたりする「ルビンのつぼ」に代表されるように、意味付けをしながら認識する過程が研究されています。

さて、何の意味付けも行わないで認識するということがありうるでしょうか。「星」と述べた時点で一定の意味付けがなされているわけですから、たぶんそれは論理矛盾でしょう。たとえば、公園のベンチに座って何か考えごとをしながらぼんやりとまわりの景色を眺めていると想像してください。この場合、考えごとに没頭しているときには、「何を見ましたか」と聞かれても答えられないということがあるでしょう。元来、「見る」ということは、対象を知覚するということとその知覚刺激から呼び覚まされた意味付けの過程すなわち人の知性との総体としてあるものなのです。

◇「知性」のすばらしさ

以上のように検討してみますと、どうも私たちは誤解していることが分かります。私たちが認識しているのは、外的世界そのもの（それがあると仮定しても）ではなく、私たちの「知性」が構築した世界です。少なくとも、記憶の作用、統合作用、切り取りの作用、意味付けの作用など私たちの知的作用なしには、私たちが常識的に考えているところの「世界」は存在しません。私たちのあまりにも強い偏見が、私たち自身の知的作用の産物を「外の世界そのもの」と考えさせているのです。

外的世界がどのようなものであるにせよ、そこからひとつの「外の世界」を構築する私たちの知的能力とはなんと偉大でしょうか[87]。この世界を成り立たせるほど見事な認識作用を有するというそれだけで、私たちの知性の「尊厳性」が理解できるものと思われます。

第3章　外的世界はどのように存在するのか

◇量子力学

さて、これまで私たちは、「私たちがどのように世界を認識しているのか」という問題を考えてきました。しかし、それはあくまで私たちの認識の問題であって、「どのように世界が存在するのか」という問題ではありません。そこで、今度は視点を変え、私たちの認識作用を離れた外側の世界の構造から、この世界のありようを眺めてみたいと思います。

私たち自身の身体から一〇〇億光年先の銀河に至るまで、「外なる世界」（これまで考察してきた「内面」の知的作用を除外した世界）は、「物質」によって構成されています。この物質の運動・構造・作用などについての学問が「物理学」です。物理学からみると、「世界」はどのようなものとして考えられるのでしょうか。

結論を先取りしますと、現在の理論物理学の知見によれば、私たちが常識的に「確固たる存在」と考えている「世界」の存在には、やはり何らかの形で私たちの「知性」が関係しているとしか考えられないということです。これでは何を述べようとしているのか分からないと思います。実は、物質のあり方に関する理論の展開には、「量子力学」と呼ばれる一九〇〇年代から発達した素粒子物理学が大きく寄与しています。そこで以下では、量子力学の示す物理像から、「世界の存在」について検討していきたいと思います。[88]

◇　二重スリットの実験

小石をひとつ静かな池に落とすと、円形に波紋が広がってゆきます。小石を二つ落とすと、二つの波が重なり合って複雑な模様をつくります。あるところでは強めあって大きなうねりとなり、別のところでは打ち消しあって波紋がほとんど現れません。これが波の「干渉」といわれる現象です。

光は波の性質を持つので、同じ現象を観察することができます。光源の前にボードを置

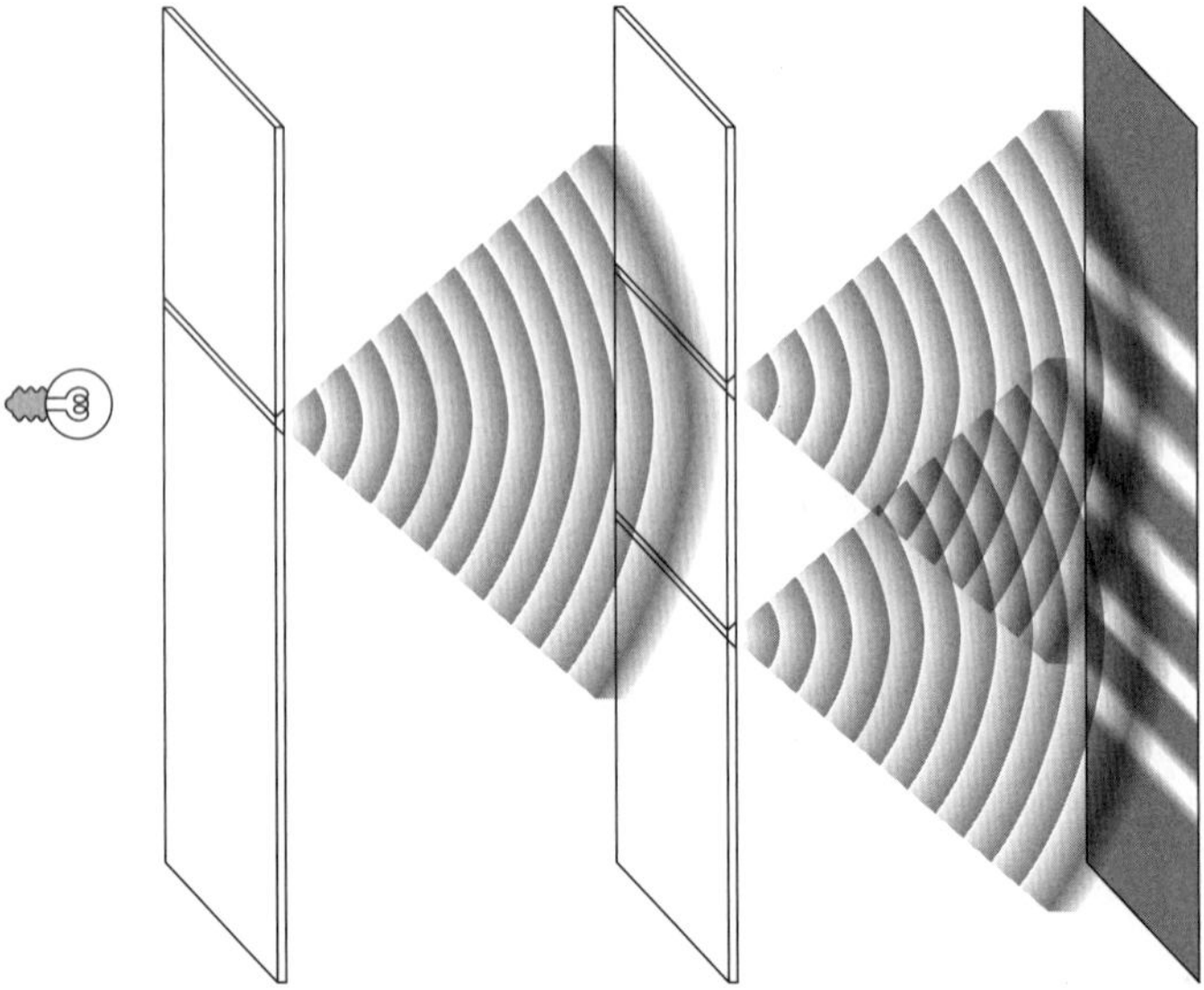

図１

き、そこに細いスリット（隙間）を開けます。スリットを通った光は回折によって扇形に広がってゆきます（前頁図1）。その先にもうひとつのボードを置き、そこには二つのスリットを開けます。そうしますと、両方のスリットを通り扇形に回折した光が「干渉」を起こします。ボードの先に設けた観測スクリーンには、干渉したことを示す明暗の縞模様ができます。これが二重スリットの実験といわれるものです。

◇ゴースト──波と粒子の二重性──

光の干渉はどうして起こったのでしょうか。光源から無数に放射される光同士が干渉を起こしたのでしょうか。いや、それは違います。ここからが光の不思議なところです。光源の明るさをどんどん暗くして、光の粒子（光子）がポツリポツリと一個ずつ打ち出されてゆくようにしていきます[89]。これでは光子同士の干渉は起こらないはずです。ところが、このようにしても、長い時間をかけて観測しますと、光の干渉を示す結果が観測スクリーンに現れるのです。

これが、量子力学最大のミステリーといわれるものです。膨大な数の光子が打ち出されるから、それぞれが干渉しあって干渉縞の痕を作るのではないのです。ひとつの光子は波として二つのスリットを通過し（だから干渉する）、検出用スクリーンに一つの粒子として痕跡を残すのです。一つの光子の「ゴースト」が二つのスリットを同時に通ったと考えなければ干渉は説明できません。

光子がどちらのスリットを通過したのか調べるために、スリットの一方を塞いでしまうと、もはや干渉を示す縞模様は現れません。また、一個の光子がどちらのスリットを通るのかをスリットを通った時点で記録し、そのまま観測スクリーンに達する装置を設けた場合、光子がどちらか一方のスリットを通過したことは記録されますが、観測スクリーンの方には干渉の模様は現れません。光子の「ゴースト」は、まるで観測することによって一点に集約し、そこからまた新たな「ゴースト」が生み出されるかのように振舞います。

◇ 物質波

さて、このように光は波動と粒子の二重の性質を持つことが明らかにされましたが、明らかに粒子であると考えられていた「電子」も、波と粒子の二重性を持つのではないかという仮説が一九二四年にフランスのド・ブローイ（一八九二―一九八七）によって示され、その後実験で確認されました。光子の場合と同じように、電子のビームを狭いすき間に向けて打つと、回折が観測され、その先に二つのスリットを置くと広がった波同士が干渉を起こしたのです。しかも、電子がポツリポツリと一個ずつ打ち出されてゆくようにしても、同様に、電子の干渉を示す結果が観測スクリーンに現れました[90]。

さらに、一九九〇年代に入ると、二重スリットの実験は電子と比較するとはるかに大きな質量を持つ原子についても確認されています。ヘリウム原子やナトリウム原子のビームで二重スリットを通過させると、光子や電子と同様の干渉縞が現れたのです。以上のように、一切の物質は、原子以下のレベルにおいて、波と粒子の二重性を有することが確認されていきました。

◇存在確率の波

物質が波であるならば、それはどんな波でしょうか。一九二四年にオーストリアの物理学者エルビィン・シュレーディンガー(一八八七－一九六一)は、「物質波」の波形を決める方程式を発見しました。これが波動方程式またはシュレーディンガー方程式です。波動方程式の発見によって、電子や光子の波が数学的に記述され、しかも従来の物理学では説明できなかった多くの物理現象が説明されることになりました。

さて、波動方程式によって示される「波」とは何でしょうか。海の波や音波は水や空気といった波を起こす媒体があります。しかし、光子や電子の波は媒体がありません。マックス・ボルン(一八八二－一九七〇)は、これを電子が見つかる「確率の波」と解釈しました。電子のような粒子がどこにあるかを確実に知ることはできません。しかし、電子の居場所を定める観測実験をしたとき、波動方程式は、ある場所にそれが見出される確率を計算することを可能にします。確率とは、ここで電子が見つかる確率、あそこで電子が見つかる確率です。この点を朝永振一郎博士(一九〇六－一九七九)の一層正確な表現でいえば、「ある状態にあるところの量子力学系に対して、ある物理量を測定する実験を実施したとき、その測定の結果としてある値が得られる確率」ということです[91]。「確率の波」というのは分かりづらい表現ですが、媒体をもたない電子や光子の波を表すのにもっとも適当な言い方なので、一般に受け入れられました。

◇ 不確定原理・相補性原理

またさらに大きな問題は、波動と粒子の二重性という場合、波動と粒子はどのような関係にあるかということです。二重スリットの実験に見られる光子や電子の性質は、光子・電子が波動と粒子の二重性を持つことを示しています。二つのスリットを通り抜ける光子・電子は、明らかに波動の性質（非局所性―ある一点に特定できないこと）を持ちます。しかし、観測スクリーンには、粒子（局所性―ある一点に特定できること）として痕跡を残します。

ハイゼンベルク（一九〇一―一九七六）は一九二六年、一個の電子の位置と運動量とをいっしょに「測定」しようとすると、電子の位置を正確に知ろうとすればその運動量は不確かになり、逆に、その運動量を正確に知ったときには、それがどこにあるのかまったく分からなくなるという不確定性原理を明らかにしました。不確実になるのは測定機器の精度の問題ではなく、原理的に同時に測定できないという意味です[92]。

ニールス・ボーア（一八八五―一九六二）は、光の波動と粒子の理論は相互に相手を排斥するものではなく相補的なものであると述べました。この意味するところは、量子的粒子は、ある局面ではその一方を、別の局面では他方を現し、どちらが現れるかはマクロの実験装置で何を「測定」するかによって決まるということです。彼は「測定」を行わないで物理量を云々することは無意味だと述べ、「観測する行為が波動を収縮させ粒子にする」と考えました。観測によって、ひとつだけの状態が残り、他の状態は消失すると考えるのです。この考え方は、私たちが物質の認識・存在に私たちの「観測」が決定的な意味を持つとする解釈です。ボーアの解釈はデンマークのボーア研究所にちなんで「コペンハーゲン解釈」と呼ばれています。

◇非局所性——幽霊のような遠隔操作——

ところで、素粒子の「非局所性」という性格は、従来の物理学の常識からは理解しがたいものでした。物質の局在性を信じていたアインシュタイン(一八七九－一九五五)は、量子力学の不完全性を証明しようとして、一九三五年に、非局所性に関するひとつの問題提起を行いました。この問題提起は、ポドルスキー、ローゼンという若い共同研究者と共になされましたので、「EPRのパラドックス」と呼ばれています。

このパラドックスの独創性は、粒子間の「相関」に着目することによって、非局所性から導かれる奇妙な結果に注目した点です。この点を光子の「偏光」と呼ばれる性質で説明したいと思います。偏光とはサングラスに用いられている原理で、限られた方向にだけ振動する光の波のことをいいます。光は横波ですが、一枚の偏光フィルターを通すと、特定の方向のみの光が通過し、その先に前の偏光フィルターと直交するフィルターを置くと完全に遮断されることになります。

たとえば、レーザーを使ってカルシウム原子をエネルギーの高い状態にすると、まったく逆方向に緑色と紫色の光子を出してもとの状態に戻ろうとします。このときに放出される二つの光子は偏光状態がちょうど逆になっています。もともとの偏光状態がゼロですので、そこから放出される複数の光子についてもすべての偏光状態を合わせるとゼロになるのです。相関が認められる粒子間では、偏光のみならず、位置、運動量、スピンなど、どれを測定しても相互に関連しています。

さて、量子力学によれば、光子Aと光子Bがどの方向で偏光するかは、観測を行うまでは分かりません（すなわち重ね合わせの状態にあります）。そして、放出された光子Aを観測したところある方向に偏光していたとしますと、その瞬間に光子Bは光子Aと相関する形で偏光することになるのです。

しかし、こうした量子力学の予言は、まったく別の場所にある二つの光子が観測行為によって相互に関係を持つということを示しています。物質の非局所性を信じないアインシュタインは、「もしも一定の時間、二つの系がお互いに力学的に隔離していれば、一方の系に対する測定が他方の系に対して実際に影響を与えること」はないと考えました。より分かりやすく言うと、離れ離れになってしまった物質同士が相互に関係することはないはずだということです。量子力学によればそうした相関があるということとになりますが、アインシュタインは、それを皮肉交じりに、「幽霊のような遠隔操作」と呼び、認めようとはしませんでした。

◇アスペの実験――光速度を超えて――

EPRのパラドックスを実際に実験によって確認することは難しいと考えられてきました。しかしその後、ジョン・ベルによって、アインシュタインらの局所実在性が認められれば、EPR実験における種々の測定の間において制限が課されることが見い出されました。量子力学の非局所性が正しければこの条件を満たしません。これをベルの定理またはベルの不等式と呼んでいます。ベルの定理は、EPRパラドックスを実験によって確かめる道を切り開いたのです。

そして、その実験は一九八〇年代はじめ、フランスのアラン・アスペとその共同研究者によって実施されました。その結果は、ベルの不等式が破られていること、すなわち、アインシュタインの期待に反し、「幽霊のような遠隔操作」が確認されたのです。アスペが測定したのが、先ほど説明しました偏光と呼ばれる光子の性質です。アスペは、カルシウム原子によって、全体の偏光状態がゼロになるように放出される光子の対を作り出しました。カルシウム原子から別々の方向に放出された二つの光子の偏光を測定しますと、光子Aが一定方向に偏光していれば、光子Bは必ず同じ方向でしかも互いに打ち消し合うような形で偏光します。ここで重要なことは、光子Aがどの方向に偏光するかは観測を行うまでは分からないという点です。

また、アスペによって示された光子の「非局所性」は、もうひとつこれまでの物理学に反する大きな事実を提示しています。それは、光子Aの観測が「同時に」光子Bの状態を確定させたということです。特殊相対性原理によれば、この宇宙には光速度以上の高速で伝達される物理作用はありませんから、二つの粒子が空間を隔てて瞬時のうちに結びつくことはあり得ません。しかも、私が光子Aを捉えたという事実は、まったく時間を介さずに光子Bに影響を与えたことになります。それが実験によって確認されたのです。

◇ハッブル・ディープ・フィールド

一九九〇年四月、スペースシャトル・ディスカバリーによって打ち上げられたハッブル宇宙望遠鏡は、宇宙空間から天体を観測できる唯一の望遠鏡です。一九九五年一二月、北斗七星に近いきわめて狭い領域にハッブル望遠鏡が一〇日間向け続けられました。そこは、肉眼では星のまったく確認できない領域です。長時間露光によって、一分間に一個しか光子がやってこないような遠くの銀河をハッブル望遠鏡は捉えることに成功しました。観測の結果、何もないと思われていたその領域は、数限りない銀河で埋め尽くされていたのです。その後、ハッブル望遠鏡は、これまで観測された中でもっとも遠い一三一億光年離れた天体も観測しました。この宇宙が誕生して一三八億年といわれていますので、ハッブル望遠鏡は、宇宙が誕生してまもない天体を捉えたのです[93]。

さて、先ほどのアスペの実験は、宇宙規模で実施しても同じ結果が得られるはずです。たとえば、一〇億光年離れた銀河から、相関する二つの光子をまったく逆方向に放出したとします。この二つの光子は関係していて、一方がX軸方向に偏光していれば、他方も必ずX軸方向に偏光します。しかし、X軸方向に偏光するかY軸方向に偏光するかは、観測するまで分かりません。たとえば、地球上の観測者である私が一方の光子を捉えたとしましょう。この光子はX軸方向に偏光していました。そうすると、逆方向に一〇億光年離れた相関する光子も、その瞬間にX軸方向に偏光して見出されます。私の観測行為は、まったく時間を介することなく二〇億光年先の光子に信号を送ったのです。

先に述べたように、光子は観測されるまでは「非局所的」ですから、ハッブル宇宙望遠鏡が一三一億光年先の光子を捉えたという事実は、その光子が別の場所で見出される可能性を失わせたことになります。その光子は、まったく反対側で見出される可能性もなかったとはいえません。しかし、私が観測することによって、反対側で見出される可能性は消滅しました。つまり、私の観測行為は、一瞬にして全宇宙に影響を与えたということです。

◇物質の存在と知性の役割

これまで検討してきた物質（素粒子）の特徴を整理してみましょう。（1）物質（素粒子）は観測されるまでは存在確率の波としてあり、観測行為によって一点に確定されて見出される、(2)観測行為はそれまでの存在確率の波を崩壊させ、間髪をいれずに新しい確率の波を生じさせる、(3)観測行為は光速度を超えて(まったく時間を介することなく)、全宇宙に影響を与える。

以上の量子力学に基づく物質の特色は、私たちの「観測行為」抜きに物質の存在を述べることができないことを示しています。それでは、観測行為を行っていないときの物質はどのように存在するのでしょうか。物理学者はこの問いには直接答えず、次のように言います。「ある物理量を測定する実験を実施したとすれば、その測定の結果としてこれこれの結果がそれぞれの確率で現れる」。つまり、自然科学というのは、実験(観測)によって確かめられてはじめて真だとする学問ですから、観測を行わないでその物理量の値を述べることは許されないのです。そうしますと、観測行為を行っていない間の物質については、少々こなれない言い方ですが、「存在確率の波として存在する」というのが現代物理学の回答となるでしょう。

さて、「存在確率の波」を確定させるのは私たちの「観測行為」です。しかも、この観測行為は、物理的な相互作用とは考えられません。なぜなら、非局所性の箇所で説明したように、物理的相互作用は光の速度を超えて行われることはありませんが、観測行為は一瞬にして全宇宙に影響を与えるからです。特殊相対性原理によれば、この物質世界では光速度以上で情報が伝達されることはありません。すなわち、ここで述べられる「観測行為」は、観測機器と観測される対象としての素粒子との物理的相互作用だけで説明できるものではありません。そうすると、この世界を確定させている「観測行為」とは、私たちの「意識」「知性」であるとしか言いようがないのではないでしょうか。

先に私は、私たちが「この世界」と考えていることがらの大部分は、実は、人間の知的作用に基づくと述べました。記憶、統合作用、切り取りの作用、意味付けの作用などなしには、私たちが常識的に考えている「世界」は存在しません。この結論に、量子力学によってもたらされた知見が加わります。「物質」の存在という観点から眺めた場合、物質は存在確率または存在の可能性としてあり、私たちの認識行為が存在確率である物質宇宙を確定させているのです。しかも、認識行為は全宇宙を一体として確定させているのです。量子力学的世界像から見ても、この世界を世界たらしめているのは、やはり私たちの「知性」なのです。

◇「月はわれわれが見ているときにだけ存在する」のか

以上のように考えると、二つの大きな疑問が湧いてきます。ひとつは、「この世界は私たちが認識しているときにだけ存在するのか」という疑問であり、もうひとつは、「知的生命体が存在しない前の宇宙は存在しないのか」という疑問です。

まず、最初の問題から考えて見ましょう。「月はわれわれが見ているときにだけ存在するのか」という言葉は、実は、アインシュタインが「観測行為」と実在とを結びつけようとするコペンハーゲン学派に対して批判を込めて述べた言葉です。私たちが見ているときにだけ月が存在するというのは、何とも奇妙です。観測行為を行っていないときの物質は、どのように存在するのでしょうか。

この点についてはすでに答えました。繰り返しますと、観測行為を行わない間の物質（宇宙）について述べることは無意味であり、あえて言えば、それは「存在確率の波」として存在しているのです。一定の物理量に対する観測が行われれば、その結果として観測された物理量については確定した値が出ます。しかし、観測が行われない間の物質は「存在の可能性」としてあるのです。

◇生命が存在しない前の宇宙

二つ目の疑問を検討してみましょう。一三八億年前、ビックバンによって宇宙が始まったとき、生命は存在してはいませんでした。ですから、宇宙の始まりを認識する「知性」は存在しなかったことになります。これまで述べてきた考え方によれば、宇宙の認識（存在）には知性が関わっていますから、知性を持つ生命体が存在しない限り宇宙そのものが存在しないはずです。しかし、人間が誕生するはるか以前に宇宙は存在していたのです。宇宙は知性が作り出すというのは、やはりおかしな話ではないか、このように思われるかもしれません。

しかし、量子力学が示すところによれば、そうした結論には至りません。まず、私たちは、人類が存在するようになったはるか以前の宇宙を現実に観測しています。ハッブル宇宙望遠鏡は一三一億年前の銀河を観測することができます。そして、量子力学の知見によれば、その光は一三一億年前に確定した光ではなく、私たちが観測したことによって確定した光であるのです。その光は私が観測しない可能性もありました。しかし、私が観測したことによって、別の場所で見出される可能性は消滅したのです。私が観測するまでの光は、その観測点で見出される可能性（存在確率）の波に過ぎませんが、私が観測することによってはじめて一点に確定したのです。これは、言ってみれば、現在の私の観測が一三一億年前の過去を作ったとも言えるでしょう。

実は、「時間」という観念は、私たちの「知性」が作り出したものです。人は過去を記憶し、未来を作り出していくので、一方方向に動く時間を考えることができるのです。このような知的作用がなければ、時間は存在しません。一三八億年前に宇宙が始まったというのは、私たちの有する時間の観念に合わせて宇宙の変化を言い表したにすぎません。この点は、第３部第５章で改めて取り上げたいと思います。

◇ 私たちの生活と物質の認識

また、以上眺めてきた物質のあり方は、私たちの日常生活のあり方と極めて一致しています。たとえば、学校に入学してこれからどんなクラブ活動を行おうかと迷っていると考えてみてください。あなたは自分の経験を思い起こします。友人たちとサッカーをしたときには自分も活躍でき面白かったが、野球はまったく楽しくなかったといった経験を思い出し、サッカー部に入ることにしました。サッカー部に入ることによって、野球部に入る可能性も天文部に入る可能性も消えてしまいました。それはちょうど、可能性の波として存在していた物質が観測行為によって確定的状態になり、それまでの波動関数がご破算になったのと同様です。しかし、サッカー部に入部したことにより、レギュラーになる可能性、サッカーで大会に出場する可能性などが広がってきました。ちょうどそれは、観測によってそれまでの物質の存在確率がご破算になると同時に、新たな波動関数が生まれたのと同じです。

これは人生が世界の認識・創造に似ているということでしょうか。いやそうではなく、私たちの人生そのものが世界の認識・創造だと考えられます。

◇新幹線は今「製造」されたのか?

最後に、「世界の存在（認識）」についてもう一度整理しておきましょう。今、私たちは新幹線に乗車していると想像してください。私たちは車窓を流れる景色を眺めています。小刻みの振動を感じています。「ゴー」という重低音を伴う走行音を聞いています。私たちは体全体で新幹線の存在を感じています。私たちは、新幹線を「知覚」することによって新幹線を「存在」させているのです。ところで、私たちが「認識」するまでは、新幹線は存在しないのでしょうか。それも納得しがたいことでしょう。新幹線は日本の車両技術の粋を集めて開発され、製造工場において組み立てられ、車両基地まで運ばれ、そして今ここを走っているのです。私たちが「認識」するまでは存在しないなどとは考えられません。

ここで、量子力学の知見によって明らかとなった「物質の認識」について、もう一度確認をしておきます。今私たちは、観測行為によって存在確率の波を確定させ、知性のさまざまな作用によって新幹線の存在を認識しています。この瞬間に認識しているのは走行している新幹線であり、製造途上の新幹線ではありません。一方、わが国の技術者たちが新幹線を開発しない限り、私たちが新幹線を認識する可能性はありませんでした。つまり、次のように考えるべきなのです。私たちが「認識」するまでは新幹線は存在しないのですが、新幹線技術者たちによる創造がないかぎり、私たちが新幹線を認識する可能性もありません。技術者たちの活動は、私たちが新幹線を「認識する可能性（存在確率）」を創造したのです。それはちょうどサッカーを始めることによってその人の未来が創造されたのと同じことです。人々の活動は常に私たちの新しい認識可能性（存在可能性）を作り出しているのです。

第4章　なぜ人は尊厳なのか

◇世界の創造主体

なぜ私たちは個人として尊厳なのか。この問いに対して、カントは、「自己目的性」と「自律性」すなわち「人間の創造性」をもって答えました。そして、これまで述べてきたように、私たちの創造とは、同時に世界の創造でもあるのです。世界の存在には人間各自の知性が関係し、人間の知性がひとつの統一体としての世界を現出させているのです。日々の私たちの認識活動は世界を創造する活動です。私たちは、どうしても自分の知性の外側に確固としてこの世界が存在すると考えますが、そうではありません。私たちの知的作用を離れてこの世界は存在しません。私たちが世界を認識すること、それ自体が世界を存在させていることなのです。

そして、私たちがこの世界を認識する行為は、日々新たな「世界」、新たな「宇宙」を作り出してゆく行為です。世界を構築する自由な創造主体である点において私たちは「尊厳」なのです。

◇世界はどのように存在するのか

以上から、次のような重要な観点が浮かび上がってきます。私たちは、小さな肉体に縛り付けられ、全宇宙の実に矮小な一点から宇宙を認識しています。ですから、私たちの世界は、目が覚めて顔を洗う、トイレにゆく、新聞を読む、食事をするといったあまりにも日常的なルーティーン・ワークに満たされています。私たちにとって一〇〇億光年離れた宇宙のことなどよりも、今日の勉強、仕事、恋愛、家庭内のいざこざなどの方が重要な関心事です。

しかし、宇宙の存在（認識）とは元来そういうものです。宇宙というのは、いかなる場合であっても、特定の地点（認識主体の身体）から認識されるものです。ですから、自分の身近なことがこの世界の一番大きな部分を占めます。自分から離れれば離れるほどその認識は希薄になります。たとえば、宇宙飛行士が宇宙船から地球を眺めたとしても、同じように矮小な肉体の感覚器官を通じて地球を眺めているのです。少々異なった視角から宇宙を認識しているに過ぎません。

このように考えますと、宇宙旅行をした人や全世界をくまなく歩いた人が、生まれたところで一生を終えた人よりもより広く世界を認識しているわけではないことが分かります。大気圏外から地球を眺めることも、アマゾンのジャングルを歩くことも、生まれた場所から夜空を眺めることも、世界の認識のあり方は同じですから、それぞれが独自個性的でかけがえのない認識です。

◇「生きる」ことは世界を創造すること

また、世界を「認識する」ということは「活動する」ということです。人間は、視線を動かさずに安定して形を認識することはできないと言われています。たとえば、はじめて会った人を認識するということを考えてみてください。視線を動かして相手の全体像を眺める、正面から相手の顔を見る、横にまわって相手の横顔を見る、握手をしてみる、言葉を交わしてみる、自分の意見をぶつけて相手の反応を見る、そうした活動を行うことによってその相手に対する認識を深めてゆきます。世界の認識は、こうした感覚器官を通じた活動および意味付けや統合作用など内的な活動を通じてなされていくものです。

そして、私たちが活動することは、そのまま世界を認識すること、創造することです。通常、身体的活動は世界の認識とは考えられないでしょう。しかし、そんなことはありません。たとえば、散歩をしたとしましょう。一歩右足を出せば右足の裏に土の感触を感じ、左足を前に出せば左足の裏全体に大地の感触を感じます。頬には風のさわやかさを感じ、目には日差しの強さや移り行く風景を感じます。まさに散歩はこの世界を身体全体で認識・創造する行為です。

このように、意思的活動はすべて世界を認識・創造する行為です。「認識する」ということと「活動する」ということは、人間の意思的行為を別の観点から述べたに過ぎません。私たちが「生きる」ことが世界を認識することであり、世界を創造することなのなのです。

◇「私」についての誤解

しかし、どうでしょうか。私たちは日常の些細な失敗で頭がいっぱいになり、他の人のたった一言で傷つきます。この世界は自分の知性が作り出しているはずなのに、私たちは世界に押しつぶされそうに感じることがあります。

これまで厳密に区別をせずに用いてきた「私」には、この世界を認識する「知性」「意識」としての私と、その世界の中にひとつの位置を占めている「身体的存在」としての私とがあります。後者の私は、前者の私が認識する世界の中にひとつの場所を占め、世界を認識するための窓口（目、耳、肌などの感覚器官をはじめとする身体）を提供しています。同時に、身体的自己は、他の者たちから私と認識されるものとしての私です。

肉体に縛られている人間は、この「私」のジレンマから逃れることができません。しかし、本書で述べてきたように、身体的自己は言葉の正確な意味における「私」ではありません。なぜなら、この世界を認識するのは意識、知性としての私であり、身体的自己はその意識、知性が認識する世界の一部だからです。この世界を認識している（または世界を存在させている）のは意識、知性としての私であり、この世界の中で「あまりにも小さき存在」であるのは身体的存在としての私です。

現代社会において、「身体的自己」が「私」であると考えることによって、私たちは様々な苦しみを抱えることになりました。ですから、現代社会を生きる私たちは、身体的自己が私ではない、この世界を認識している大いなる自己が私であるということを再認識する必要があります。

それでは、この世界を認識している私とは何でしょうか。また、私たちが身体的自己を私であると誤解している理由はどこにあるのでしょうか。そして、世界を認識している私と身体的存在としての私とはどのような関係にあるのでしょうか。これらの点を第3部で明らかにしたいと思います。

第３部　私たちが理解すべきただひとつのこと

第1章　現代人の誤解

◇はじめに

第2部で明らかとなった点を、いま一度確認しておきます。

まず、私たちがこの世界を認識するということは、日々新たな世界、新たな宇宙を創り出していく行為です。そして、世界を生み出す自由な創造主体である点において、私たちは尊厳なのです。

また、「私」には、この世界を認識する「知性、意識としての私」と、この世界の中にひとつの位置を占めている「身体的存在としての私」とがあります。

さて、私たちが世界を生み出す創造主体であるとは、いったいどういうことなのでしょうか。また、「知性、意識としての私」と「身体的存在としての私」とは、結局のところ、どのような関係にあるのでしょうか。第3部では、これらの点について、さらに踏み込んで考察したいと思います。

そして、私たちが世界を生み出す自由な創造主体であるという点を突き詰めていくと、この世界の実相は、私たちがこれまで常識的に考えていたものとはまるで異なっていることが分かってきます。真実の世界は、現在眺めている世界とは比べられないくらいに壮大で、華麗で、そして自由なのです。なぜ、そんなことが言えるのでしょうか。それは、実際に真実の世界を体験し、それを語り始めた人たちがいるからです。「臨死体験」をした人たちです。臨死体験者の語る世界は、荒唐無稽な絵空事にも聞こえますが、量子力学や相対性原理など、現代物理学の知見と見事に合致しています。

それでは、これから、世界の実相を探求する旅へと出発したいと思います。

◇二つの本質的な誤解

はじめに検討するのは、私たちが世界を認識するということが、世界を創造することだという点です。この点を理解するために、まず、現代人が抱いている誤った世界観について指摘したいと思います。

現代人は、世界と自分とに関して、極めて大きな誤解をしています。

世界に関する誤解とは、「世界は、私とは関係なく客観的に存在している」という誤解です。この誤解は、ほとんどすべての現代人にとって当然の真理と考えられていますので、もはや何が誤解なのか分からないほどです。

自分に関する誤解とは、「私とは個人であり、身体的な存在である」という誤解です。この誤解は完全な間違いとまでは言えませんが、本質的な部分に誤りがあります。また、この誤解は、近代思想の基礎をなしているものなので、これを否定することは、現在の社会システムそれ自体を否定するように感じられます。

しかし、以上の二点は、文明が発生した以降とりわけ産業社会が発展する過程で作出されたイデオロギーであり、真実ではありません。しかも、私たち人間が行っている誤解のうちで最も悪質な誤解です。

◇この誤解が私たちに不幸をもたらしていること

以上の誤解は、私たちにどれほどの不幸をもたらしているでしょうか。

「世界は客観的に存在する」と考えることは、個人が、その確固として存在する世界の中に、部分として位置付けられるということを意味します。そこからどんな事態が生じるでしょうか。たとえば、Aさんは、念願の会社に就職することができましたが、朝早くから出社し夜は午後十時に帰宅する激務が続いた上に、上司から、「数字を上げられないならば給料返せ」などと罵倒され続けたため、精神に異常をきたし、休職に追い込まれてしまったとします。こうした事例の場合、企業の行き過ぎた業績主義や上司のパワハラが問題であることは当然です。しかし、企業の行き過ぎた業績主義や上司のパワハラを引き起こすさらにその根底にある問題として、企業側も、上司も、Aさん自身も、会社を客観的実在だと考え、その中に個人を位置付けるという思考をしている点があります。世界（この場合は会社）はあまりにも大きく確固たる存在であり、それに比べて個人はあまりにも小さく、よわよわしい存在です。「世界が客観的に存在する」という思想は、ただただ個人をみじめな状態へと追い込んでいきます。

次に、「私」とは個人であるという誤解も、上記「世界は客観的に存在する」という誤解と相まって、私たちに数多くの精神的ストレスをもたらします。たとえば、Aさんは極めて優秀な従業員だったとします。そうすると、上司にとってAさんは、自分の地位を脅かしかねない危険な存在となります。上司は、Aさんに嫉妬し、差別やいじめを始めるかもしれません。上司は、会社内での自分の地位を維持するために、Aさんをなんとか会社から追い出そうと画策するかもしれません。こうしたことは、どの集団でも起こりうることです。学校におけるいじめ自殺事件に象徴されるように、人は、子どものときから、他人を否定することにまた他人を集団において自分より下位に置くことに快感を覚えるようになってしまっています。こうした感情は、私を個人としてある一定の社会の中に位置付け、他者は私と比較の対象であり、場合によっては、自分の生存を脅かす競争相手であると考えることに由来するものです。

これらの誤解は、文明が始まったときから、とりわけ近代的な産業社会、資本主義社会が発展する中で、当然の真理として私たち人間に刷り込まれていきました。しかも、現代社会全体がこの誤解の上に成り立っているので、この誤解を理解することも、また、正しい思想に基づいて行動することも、現在では容易ではない状況にあります。この誤解を解くことが第3部の目的です。

◇ 正しく理解されるべき二つのこと

正しく理解されるべきことは次の二点です。

まず、ひとつめは、「私の認識を離れて世界は存在しないこと、私が世界を認識することと世界が存在することとは、結局、同じことである」ということです。ふたつめは、「私は身体的存在ではないこと、私とは、身体をも含む世界全体を認識し、全体を統合し、世界を現出させている主体である」ということです。

右の二点は、実は、同じ内容を述べたものです。世界と私のあり様について、前者は世界とは何かという観点から、後者は私（自己）とは何かという観点から述べられています。

この二つの点を正しく了解するならば、私たちは世界を変えることができます。しかし、それは現代社会を支えているイデオロギーを否定することになるので、現代人にとっては、自分の生存基盤を崩されるように感じられるものであり、容易には変えられないでしょう。

しかし、人類全体としてこの点に気付くのが百年先であるとしても、気が付いた人が正しい理解に基づいて行動していくことは、その人自身の心の平安につながります。なぜなら、私たちは元来そのようなものとして作られているので、それに従って行動することがもっとも自然でストレスをためない生き方だからです。

◇ 世界が客観的に存在するという誤解

以上の真理を証明するために、難しい理屈は必要ありません。ただ、私たちを曇らせている色眼鏡をはずして、ありのままに事実を見つめればよいだけです。

まず、私たちは、世界が客観的に存在していると信じ込んでいますが、実際のところ、世界が客観的に存在するかどうかは分かりません。私たちが世界を知るのは、私たちが、感覚器官などを通じて、世界を認識しているからです。私たちが世界を認識していることは、私たちの実感そのものですから疑い得ないものです。しかしだからといって、世界が私たちの認識を離れて客観的に存在するといえるわけではありません。

私たちが認識しているのは、蜃気楼かもしれず、映画やテレビのように、実体のない映像なのかもしれません。確かなことは、世界が客観的に存在していることではなく、私たちが世界を認識しているということです。

◇ 世界を確固として存在させているもの

それでは、なぜ、私たちは、世界が客観的に確固として存在するものと考えるのでしょうか。実は、この点についても、私たちは大きな誤解をしています。

たとえば、私たちは、千円札を単なる紙切れとは考えず、価値ある紙幣として認識しています。私たちが紙幣を価値あるものと考えるのは、それを使って実際に物品を購入できるという、これまでの経験的知識に基づくものです。同じように、私たちが一年前に世界を認識し、昨日も世界を認識し、今日も世界を認識しているから、私たちは世界が確固として存在すると考えるのです。言い換えれば、私たちは、世界を認識する際に、過去に認識した世界に関する記憶を思い出すから、またいつも通り世界は存在したということを確認し、世界の存在は確かなものと感じるのです。
すなわち、世界の存在を確固たるものであると感じさせているのは、私たちの記憶です。

◇世界が存在するということ

現代人の多くは、自分が世界を認識しているとは思っていても、自分が世界を存在させているとは思っていないでしょう。世界を認識するとは、一般的には、五官の作用によって得た刺激を脳が情報として処理することであると考えられています。他方、世界の存在とは、果てしなく広がる宇宙が創造されてそこにあるということです。本書は、「私が認識する世界と存在する世界とは同じものである」と主張するものですが、世界の認識と世界の存在とが同じことだと言われても、何のことか理解できないことと思います。

しかし、この点も素直に考えていくと、それほど荒唐無稽なことではありません。私たちは、認識というと、外界からの刺激を感覚器官によって感知し、それを脳が情報処理することだと信じ込んでいます。しかし、私たちにとって、それらの刺激は刹那的なもので、すぐ消え去ってしまうものです。にもかかわらず、私たちが確固とした世界の存在を疑わないのは、上で述べたように、刹那的な情報の下に、膨大で確固とした記憶が存在しているからです。しかも、その記憶は、知覚された情報と無意識的かつ有機的に結びつき、私たちの世界の認識を支えるものとして、つまり、私たちに世界を実感させるものとして機能しています。

私たちが五官の作用による外的な刺激の受容のみによってこの世界を認識しているならば、この世界をこれほどの存在感をもって感じることはできないでしょう。たとえば、山々を眺めてその奥行きや質感、神々しさなどを感じるのは、それまでに蓄積された山に関する膨大な情報を思い出すからです。決して、視神経を刺激した視覚刺激のみによって感じるものではありません。

世界を感じるものの大部分が記憶によって成り立っているならば、私たちが「世界の存在」と考えていることの大部分は、「私の内」にあることになります。世界が存在するとは、感覚器官からもたらされた刹那的な情報が触媒となって、私たちの有する膨大な記憶が呼び出されたということです。

◇ 私が身体的存在であるという誤解

本書では、「私」を「世界を認識する主体」という意味で用いています。一般的には、「意識」「自我」「心」などと言ってもよいものですが、本書は自らの実感から考察するというスタンスをとるので、やはり「私」を用いることにします。また、世界とは、私が認識する外界全体を意味し、「宇宙」と言ってもよいでしょう。

この意味において、私は、身体的存在ではありません。私が世界を認識しているということは、身体も世界の一部として認識しているということです。私自身が世界の一部として身体を認識しているということは、私は身体的存在そのものではないということです。例えば、ビデオカメラで撮影する場合、ビデオカメラはビデオカメラ自体を撮影することはできませんが、私は、身体自体を認識しています。身体は私の認識対象の一部であって、認識主体ではありません。

なるほど、私は、感覚器官を持ち、これを通じて世界を認識しています。そうであるならば、認識主体は身体的存在と言ってよいのではないかとも思えます。また、後述するように、私が自分自身を認識するということもあり得ることです。しかし、身体的存在自体を私とすると、身体は誰が認識しているのでしょうか。認識主体が身体だとすると、私は主体であると同時に客体であるということになります。しかし、少なくともこの世界においては、論理的に、主体であると同時に客体であるということはあり得ません。それならば、「心」とか「魂」と言ったらどうだという反論があるかもしれません。ここまでくれば、結局、「私の心」「私の魂」ということなので、「私」と言っても同じことです。

なお、私が認識主体だという言い方は誤解を招くかもしれません。「主体」というと、その実体がありそうですが、「私」にその実体はないのです。私が世界を認識しているという事実から、認識主体としての「私」が想定されるのです。確かなのは認識しているということです。例えれば、ジャングルの真っただ中で、これまで見たこともない立派な神殿を発見したとして、もはや近辺には誰も住んでいない状況である場合に、その神殿はかつてこの地に高度の文明を持った人々がいて、その者たちによって建築されたと考えるようなものです。これと同じように、世界が認識されていれば、それを認識している「私」があることは間違いありません。私とはそういう意味です。

◇私は世界を統合する主体である

また、第２部で指摘したように、私は、感覚器官を通じて外的刺激を受容し、まったく別々な感覚刺激をひとつにまとめ上げ、それを過去記憶と結び付け、意味付け、世界全体を作り出しています。私は世界を全体として認識していますが、受ける刺激は全く別々の刺激ですから、私たちの中に世界を（再）構成する仕組み（能力）がない限り、私たちは世界を全体として統一的に理解することはできないはずです。

これは、私たち人間の能力の中で最も卓越した能力であると思います。私たちは、視覚、聴覚、触覚、臭覚などのばらばらの情報を統合し、ひとつの世界を作り上げているのです。私たちは、「全体」を作り出す能力を持っているのです。私たちは、まったく異なる外部的刺激から世界を再構成しているのです。[94]

そして、全体を作り出すとは、すなわち、世界を作り出すということに他なりません。この観点から見れば、私は、世界統合主体（または情報統合力）であるということができます。こうした能力は生物であれば多かれ少なかれ有していると想像されますが、私は間違いなくこの能力を有しています。どんなに優れたＡＩ（人工知能）も、全体を作り出すことはできません。全体を作り出す力は、人間（生物）のみに与えられた能力です。

第2章　なぜ私たちは、世界が客観的に存在していると誤解するようになったのか

◇近代的世界観の形成

それでは、なぜ私たちは、世界の認識と世界の存在とを別の事がらと考えるようになったのでしょうか。元来、私たちは、文明（大規模な農耕と都市の発展）を経験する以前は、自分が世界を認識することと世界が存在することとは別だなどとは考えたこともなかったでしょう。言い換えれば、文明を経験する以前の人々には、主観と客観とを区別する思考はなかったものと思われます。

それが、どうして人間はこの様な考え方をとるようになったのでしょうか。私は、その最大の理由は、人間が、自然と人間とを支配するようになったためであると考えます。

元来、人間はアニミズムの世界で生きていました。すなわち、自然には精霊（神）が宿っていると考えていました。また、人々は自然から様々な恵みを得ていました。自然には精霊が宿っているのですから、土地を改変するなどということは思いもよらないことでした。農業の発達は、森林の伐採、灌漑設備の整備など土地を改変します。森林を伐採し土地を耕すためには、土地から精霊（神）を引き離す必

要がありました。そして、開発が進む中で、人は自然の支配者であるという考えを芽生えさせました。精霊（神）がいなくなると、土地は単なるモノ（客体）となります（このあたりは、宮崎駿の「もののけ姫」の描き出す世界です）。とくに日本の場合、狭い国土の中で田畑や山林は生活の上で貴重ですので、一旦土地から精霊（神）が引き離されると、土地をめぐる争いは激しさを増すようになります。

そして、土地のモノ化は、「所有権」思想の受容によって確定します[95]。土地に対する所有権は、土地に対する労務や資本の投下によって形作られていったと思われますが、同時に、所有権の概念は、土地を人々によって売買が可能な対象物としていきました。

次に、文明以前の人々にとっては、人間も自然の一部でした。しかし、文明が発達し、都市が形成されると、徐々に人間は、自分たちが自然の一部であるという考え方から離れていったと思われます。また、大規模農業のもとでは、人は農作物を生み出す手段となっていきます。この点で大きな意味を持ったのは、おそらく紛争・戦争でしょう。戦うという目的のために、兵士は組織化され、手段化されます。また、ある部族が勝利すると、他の部族を奴隷にする事例もあったでしょう。人が人をコントロールしはじめたとき、人間自体が客体化されるのです。文明の発達の中で、とくに権力が発生する中で、人は徐々に社会を構成する一要素となっていきました。

そして、人のモノ化をさらに進めたのが近代的な産業社会の発展です。商品の生産、流通が大規模化する中で、人間はそのための手段と化します。人間には効率化が求められ、社会の歯車として機能することに人間の価値が認められるようになります。

自然も人間もモノ化されていく中で、世界は、人間の主観から切り離された客観的な存在となっていったのです。

◇　自然科学の限界を理解すべきこと

そして、この誤解を決定付けるのが自然科学の発達です。そもそも、自然科学は、自然に内在する法則を発見する学問ですが、近代的な自然科学とそれ以前の学問との相違は、その法則が実験によって確認されること、換言すれば、客観化されることにあります。

しかし、自然科学の客観性、実証性自体がひとつの信仰に支えられていることに注意すべきです。自然科学の神髄がその実証性にあるならば、本来、客観的とされる実験結果を私たちが認識する過程についても実証されなければならないはずです。しかし、私たち自身が実験結果を認識するという過程がまったく「実証」されていないのです。先に述べたとおり、私たちは、私たちの認識を通じてしかこの世界を知ることができないのですから、ある自然法則を正しいというためには、それを私たちがどのように認識しているのかという点も検討されなければならないはずです。ここに自然科学自体の限界があります。現在の自然科学は、世界が客観的に実在するという信仰・信念に支えられているのです。

次に述べるように、一九〇〇年代からの量子論および相対性理論の展開は、物質を客観視することに疑義を生じさせたはずでした。それでも、自然科学者は依然として、自然科学の客観性に固執しているので、私たちの認識を離れてこの世界が客観的に実在するという思想は揺らぐことがありません。

第3章　量子力学・相対性原理

◇観測問題

第1章において、世界が存在するとは、感覚器官から得た情報が触媒となって、私たちの有する膨大な記憶が呼び出されたということだと指摘しました。それでは、触媒となった感覚器官からの情報それ自体については、どのように考えるべきでしょうか。この点について、第2部でも検討した量子論および相対性理論から、今一度考察したいと思います。

光源からの光を、平行な二つのスリットのあいた板の間を通過させると、スリットを通過した光同士が干渉を起こし、その先の止め板（観測スクリーン）に干渉縞があらわれます。これは、トマス・ヤング（一七七三―一八二六）によって発見された古典的な光の干渉実験です。

同様の結果は、量子のレベルでも認められます。前方に一つの孔があいている電子銃から電子を一個打ち出し、平行な二つのスリットのあいた板を通過させると、その先の観測スクリーンに一つの痕跡を残します。これを繰り返すと、観測スクリーンに干渉縞があらわれていきます[96]。電子は、一個ずつ観測スクリーンに痕跡を残すのですから、電子は粒子の性質を持ちます。他方、干渉縞があらわれたということは、一個の電子がそれだけで波の性質を持つことを示しています。

この粒子と波の二重性こそが、量子力学最大の特徴にして最大の難問と言われるものです。粒子と波の二重性については、これまで電子顕微鏡を用いて何度も実証されてきました。しかし、これが何を意味しているのかについて、今日でも明確な解答は示されていません。

この解釈のひとつとして示されたのが、「観測する行為が波動を粒子に収縮させる」という考え方です。この考え方は、デンマークのニールス・ボーアを中心とするグループによって主張されたことから、一般に、コペンハーゲン解釈と呼ばれています。[97]

これに対し、ヒュー・エヴェレット三世は、観測前も観測後も波束の収縮は起こらず（重ね合わせの状態にあるとも言われる）、観測者はその内のひとつを観測するという考え方を示しました。[98] これは、波束の収縮というコペンハーゲン解釈の弱点を回避するために、粒子も観測装置も観測者も一緒に考えようとする立場です。エヴェレット自身は明確には述べていませんが、この考え方に従えば、観測されない別の世界も存在すると考えざるを得ないので、一般に多世界解釈と呼ばれています。

しかし、二重スリット実験は、コペンハーゲン解釈をとっても、多世界解釈をとっても、観測する行為が粒子の確定に重要な役割を果たすことを示しています。すなわち、二重スリットの実験結果は、私たちが世界を認識することが世界を存在させることだという本書の主張と親和的であるのは明らかです。

◇ 不確定性原理

ハイゼンベルクは、一九二七年に、ある瞬間における粒子の位置と運動量とを測定した場合、位置をできるだけ正確に測定しようとすると運動量は不正確になり、運動量を正確に測定しようとすると位置は不確かになることを指摘しました。これは、測定が対象に影響を与えるということではなく、原理的に、電子の位置と運動量との不確定さの積は一定の値（プランク定数）を超えられないことを述べたものです。これが、不確定性原理です。

さて、不確定性原理は、客観的物理法則と考えると奇妙ですが、私たちの認識に関する法則と考えると、いたって常識的な見方となります。私たちは、あるものに意識を集中すれば、他の事がらへの意識は希薄になります。私たちは、ゲームに集中してしまうと、その間、時間がどれくらい経過したのかは分からなくなります。不確定性原理はそのことを述べているのです。私が電子の位置に着目すれば位置が一定の範囲で明確になりますが、その運動量は不確かになります。私が電子の運動量に着目すれば運動量が一定の範囲で明確になりますが、今度はどこにあるのか分からなくなります。不確定性原理は、私たちが世界を認識することと世界が存在することとは同じことがらであるという、本書の考え方と合致しています。

◇ ＥＰＲ相関

アインシュタイン、ポドルスキー、ローゼンは、一九三五年、観測による波束の収縮というコペンハーゲン解釈の誤りを指摘しようとして、ひとつの思考実験を提起しました。互いに相関する量子力学的粒子をまったく逆方向に放出した場合、ボーアらの主張に従えば、一方の粒子が観測されてはじめてもう一方も他方と相関する形で確定することになりますが、そんなことはあり得ないので、コペンハーゲン解釈は不完全であるというものです[99]。これは著者の頭文字をとってＥＰＲのパラドックスと言われました。

しかし、アインシュタインらの予想に反し、こうした相関があることがその後実験によって確かめられ、これはＥＰＲ相関と呼ばれることになりました。ＥＰＲ相関によって明らかとなった事実は、それがどれほど離れていても、相互に関係する粒子は、片方の粒子が観測されると、もう一方の粒子も瞬時に（光速度を超えて）、もう片方と相関する形で確定するということでした。しかも、相関する二つの粒子は、瞬時に確定するのですから、この結果は、光速度を超えた情報の伝達はありえないとする相対性原理にも反しています。

これは、観測行為が観測対象である粒子の物理量のみならず、相互に関係する系全体を確定するということを示しています。そして、この結論をさらに押し進めると、結局のところ、私たちが観測するということが、全宇宙を確定したということではないかという推測につながります。そうであるならば、EPR相関は、まさに、世界を認識することと世界が存在することとは同じことだという本書の考え方を示したものであるということになります。

◇ノイマン・ウィグナー理論

ところで、「観測」という概念には、誤解を生ぜしめる要素があるので、その点を指摘したいと思います。二重スリット実験において、電子が検出器に痕跡を残すのは、電子が検出器と相互作用をしたためです。だから、これを観測というならば、観測にはとくに意識などを持ち出す必要はありません。同様に、私たちが視覚情報を取得するのは、光が網膜（視神経）を刺激して化学変化を引き起こした結果です。ここにもとくに意識などを持つ出す必要はありません。しかし、検出器も網膜も、量子的なレベルで見れば、電子と同様に波の状態（重ね合わせの状態）にあるものであり、物理的な相互作用によって、量子状態が確定することはないとも考えられます。量子力学的粒子の運動状態は、シュレーディンガー方程式によって記述されますが、これは、マックス・ボルンによって、粒子の存在確率の時間的変化を表すと解され、現在の定説となっています。つまり、シュレーディンガー方程式自体には、量子状態を確定させる要素は含まれていないのです。

そうすると、物理的な相互作用の結果についても、最終的には、私たちの「意識」によって確定したと考えざるをえないのではないかという主張が登場します。これを示唆したのがフォン・ノイマン（一九〇三―一九五七）であり[100]、これを明確に主張したのがユージン・ウィグナー（一九〇二―一九九五）です[101]。ノイマン・ウィグナー理論とは、波動関数の確定は観測者の意識（ノイマンは「抽象的自我」という）によって起こるのであり、意識こそが究極的実在であるとする考え方です。この考え方は、まさに本書の主張と一致するものです。

しかし、ノイマン・ウィグナー理論は、現在でも、物理学者によって徹底的に批判されています。先に述べたように、物理学者は、物質が私たちの認識を離れて客観的に存在するということを物理学の基礎に据えているからです。しかし、だからといって物理学者たちがノイマン・ウィグナー理論の誤りを証明したわけでもありません。この問題は、百年間決着がついていないのです。

◇特殊相対性理論――光速度不変の原理――

続いて、アインシュタインの相対性原理からこの問題を考えてみたいと思います。アインシュタインは、その最初の論文「動いている物体の電気力学」において、「ひとつの静止系を基準にとった場合、いかなる光線も、それが静止している物体、あるいは運動している物体のいずれから放射されたかには関係なく、常に一定の速さCをもって伝播する」と述べました[102]。これが光速度不変の原理です。

たとえば、太陽から発せられる光は、秒速三〇万キロメートルの速さで地球に到達します。発せられてから八分一七〜一九秒後の光です。同じように、地球に向かって秒速一万キロメートルで飛んでいるロケットからの光も、秒速三一万キロメートルではなく秒速三〇万キロメートルの速さです。光速度不変の原理は、それまでの物理学の考え方からするとたいへん奇妙な原理です。

しかし、この原理を私たちの認識から離れた客観的な物理法則と捉えるのではなく、私たちの認識の原理と考えるとそれほど奇妙ではありません。すなわち、光という素粒子は、観測者から見て、常に秒速三〇万キロメートルの速度で伝わると認識されるものとして存在すると理解するのです[103]。これは、私たちが光を認識することと光が存在することとは同じことだという本書の考え方と合致しています。

ところで、なぜ光は、一定の速度で認識されるのでしょうか。これは、私たちが混乱することなく空間認識を行うためだと考えられます。右の例で説明しますと、太陽から発せられた光が秒速三〇万キロメートルで地球に到達し、太陽のすぐ斜め後ろにあるロケットからの光が秒速三一万キロメートルで到達するとしますと、地球にはロケットの光の方が先に到達することになります。これは、太陽よりもロケットが前方に見えるということを意味します。私たちは手前にある光を先に認識するから、この世界を混乱なく認識することができます。後方にある光が前方の光よりも前に届いては、世界の認識を混乱させるだけです。こうした事態を防いで世界を正しく認識させる仕組みが、光速度不変の原理だと考えられるのです。

以上のように、量子力学の知見も相対性原理の知見も、世界を認識することと世界が存在することとは同じことであるという本書の結論を支持しています。

◇双子のパラドックス

なお、特殊相対性理論によれば、動いている観測者の時計の進み方は、静止している観測者の時計よりも遅くなるとされます。双子の兄弟のうち、弟は地球にいて、兄の方は光速に近いロケットに乗って、宇宙を旅行して地球に戻ってきたとします。このとき、特殊相対性理論からすれば、兄の方が弟に比べて若い（時間が進んでいない）という結論になります（なお、この事例では加速度がかかるので、厳密には特殊相対性理論からだけで説明することはできません）。しかし、運動が相対的であるとしますと、兄から見れば弟が光速に近い速度でロケットから離れていることになりますから、弟の方が時間の進み方が遅くなることになります。これが双子のパラドックスといわれるものです。

そして、この問題に対する一般的解答は、兄の方が若い（時間が進んでいない）というものです[104]。その理由としては、兄には運動の変化（移動）があるが弟にはそれがない点などが挙げられています。

さて、私見のように、光速度不変の原理が認識の原理であるとすると、認識対象である双子のそれぞれの時間の進み方の違いが起こることはありません。認識する宇宙の一部だけが時間が遅れるなどということはあり得ないからです（遅れているように見える場合はある）。

地球に帰還しても兄の時間が進んでいないこと（兄と弟の時間の進み方は一緒であること）が証明されれ

ば、本書の主張の傍証となります。この点は現代科学で検証することが可能ですので、その検証結果を待ちたいと思います。

第4章　全体意識について

◇私とは何か

さて、「私」の問題にもう一度戻りたいと思います。「私」を認識主体と解した場合、Aさんの「私」とBさんの「私」とはどのような関係にあるのでしょうか。Aさんの「私」もBさんの「私」もこの物質世界に存在するものではありません。また、Aさんの「私」とBさんの「私」とを別物と考えてしまうと、私は、ひとつ、ふたつと数えられることになってしまいます。私は、この世界に存在しないのであり、私は数えられないのですから、Aさんの私もBさんの私も同じもの（同じ認識主体）ではないかという推論が成り立ちます。すべてを統合し、世界を創造する「私」は、結局のところ、ひとつの存在、数えられない全体と考えるのが妥当であると思われるのです。

この点は、次のように考えていくと、ある程度理解が可能です。私たちは、目（視覚）、耳（聴覚）、鼻（臭覚）、舌（味覚）、皮膚（触覚）などの感覚器官を通じて得た情報から、この世界を認識しています。まず、目を閉じて、視覚情報を遮断してみましょう。次に、聴覚情報を遮断してみましょう。そして、臭覚、味覚、触覚も遮断してみましょう。何か残るのか、何も残らないのか。これまでの検討から、すべての感覚を遮断しても、世界認識の多くの部分を占める記憶など私の内的な意識の部分は残るのではないかと想像されます。残った部分は、身体（感覚器官）に由来するものではありませんから、意識そのものと考えられます。また、Aさんの意識もBさんの意識も共通するものだとしますと、その意識は全体意識とも言いうるものではないかと想像されます。

そして実際に、感覚遮断実験は、アメリカにおいて、一九五〇年代から行われています。とくに、ジョン・C・リリーの隔離タンクの実験が有名です。リリーは、感覚遮断を行うために、光も音もほぼ完全に遮断したタンクの中に、人間と同じ比重の液体を入れ、それを体温と同じ温度に保ち、その中に素っ裸になって入り浮遊するという方法を考えました。リリーは、一九五四年から、自分自身を被験者として実験を開始しました。この実験によって、まず、感覚刺激がなくても意識を保つことができることが確認されました。そしてその時は、自分のあらゆる記憶、考え、感情、意志など心の中にあるものすべてが、様々な形をとって意識の上に現れてきたと言います。彼は述べています。「私は、光と暖かさと知識を放射する、明るく輝く意識の点になった。そして、驚異的に明るい空間、黄金の光と暖かさと知識とに満たされた空間に入り込んだ。身体はないが、中心をもった自分自身としてその空間に坐った。大いなる畏敬と驚異と尊敬の念にあふれ、自分が素晴らしい高揚状態にあるのを感じた。私を取り巻くエネルギーは、計り知れぬほど強力なものだったが、今回は、それに耐えられることに気付いた。光で満たされたその広大な空っぽの空間の中で、私は感じ、見、知ることができた。はるかかなたから、ゆっくりとだが着実に、二人のガイドが私の方に向かって近づいてきた。最初、強烈な光の背景にまぎれて、ほとんど彼らを見分けることができなかった。今回、彼らは、非常にゆっくりと接近してきた。接近するにつれ、だんだんと彼らの存在感が強くなり、彼らのもつ多くのものが私の中に入り込んでくるのがわかった。彼らの思考、感情、知識が、私の中に注ぎこまれた。彼らが近づくと、彼らの思考、知識、感情を、信じられないほどの高速で分かち合うことが可能となった。……」[105]

ガイドが現れたという部分は、後で取り上げることにします。リリーは、感覚をできるだけ遮断した後に、明確な意識の中で輝く世界を体験したのです。

◇ 臨死体験

右に述べた感覚遮断をさらに進めるとどうなるのでしょうか。すなわち、私たちが感覚器官や脳の機能から完全に解放されたとしたら、私たちはどうなるのでしょうか。肉体からの完全な解放はすなわち死を意味しますから、これは実現不可能とも思えます。しかし、こうした状況またはこれに近い状況は、世界中では数百万人にのぼる人たちが体験していると言われています。それが、臨死体験（Near Death Experience）です。

臨死体験と一言で言っても、その体験は人によって様々です。これを整理したジェフリー・ロング＝ポール・ペリーによると、年齢、国籍などにかかわらず、臨死体験者は、①体外離脱を体験すること、

②知覚が鋭敏になること、③強烈な感情・ポジティブな感情が芽生えること、④トンネルを通り抜けること、⑤神秘的かつ強烈な光に遭遇すること、⑥亡くなった身内と会うこと、⑦自分の全人生を鮮明に回顧すること（いわゆるライフ・レビュー）などを体験することが指摘されています。[106] しかし、すべての体験者がすべての要素を体験するわけではありません。

自ら二度臨死体験をした木内鶴彦は、臨死体験を、心臓が止まる前の第一次臨死体験と心臓が止まった後の第二次臨死体験とに区別しています。[107] 第一次臨死体験はぼんやりした夢の中のような出来事であり、第二次臨死体験は現実そのものであったと言います。あくまで想像ですが、臨死体験にはそのプロセスがあり、脳（大脳皮質）の機能が低下していく中での臨死体験と脳（大脳皮質）の機能から完全に解放された状態における臨死体験とがあるように思われます。

臨死体験のプロセスもたいへん興味深いところですが、本書では主として、脳（大脳皮質）の機能から完全に解放された状態における臨死体験を問題としたいと思います。そして今日、多くの臨死体験者によって、この問題に対する驚くべき解答が示されつつあります。すなわち、感覚器官によらない認識、脳の機能によらない認識が存在する可能性が示されているのです。

◇ 脳の機能によらない認識

臨死体験者の体験談の中で、脳の機能によらない認識の可能性を強く示唆するのは、脳神経外科医であるエベン・アレグザンダーの体験した臨死体験です。彼は、細菌性髄膜炎によって七日間にわたって昏睡状態となり、その間、人間的な機能をつかさどる大脳皮質の活動は完全に停止していました（その点はCTスキャンの画像などで明らかです）。そうした中で、彼は臨死体験をしたのです。

彼はまず、泥のような暗闇の中にいました。泥の中からグロテクスな動物たちが顔を突き出したり叫んだりしています。そこに、光がゆっくりと回転しながら、金色がかった絹糸のような白い光をさんさんと放射して近づいてきます。光の真ん中に意識を集中すると、彼は猛烈なスピードで上昇しました。そこには見たことのない別世界が広がっていました。「まぶしく輝き、活気に満ちて、うっとりとさせられる、目が眩むような……どれほど形容詞を連ねてみても、その情景と感動はとても表現しきれない。そこでは自分が誕生しつつあるように感じられた。生まれ変わるのでも、生き返るのでもない、ただ生れ出ている、という感覚だった。」「下には田園風景が広がっていた。青々としたみずみずしい緑の……地面。地面ではあったが、同時にそれは地面ではなかった。たとえて言えば、両親に連れられて、幼い時代を過ごした場所を訪れたときの感じに似ていた。未知の場所、それとも忘れていたはずの場所なのだが、見渡すと妙に心惹かれるものがある。深い部分のどこかがいまでもそこを忘れておらず、戻ってきたことを喜んでいる。そんな場所だった。」「私は木や野原、小川や滝を見下ろしながら飛んでいた。あちこちに人の姿も見えた。楽しそうに遊んでいる子どもたちの姿もあった。みんなで輪になって歌い、踊っている。犬がその足元で嬉しそうに跳ね回っている。人々は簡素だが優美な服をまとい、服は周囲の緑や花々の潤いを映し出す色合いをしていた。[108]」

◇　光の世界・光の存在

右の例でもそうですが、臨死体験者の多くは、暗い場所またはトンネルの先に、まばゆい光の世界を見るという体験をしています。[109] また、光の世界の中にさらに光の存在を見る者もいます。光の存在は自分のすべてを理解しており、言葉によらない意思伝達によって語りかけてきます。体験者はこの光に包み込まれ、受け入れられ、これまで経験したことにないような安心感を覚えると言います。[110]

さて、臨死体験者の見た光の世界とはどのような世界なのでしょうか。臨死体験者たちは、口をそろえて、言語という限定された表現方法によって、自分たちの見た世界を正確に説明することはできないと言います。以下では、臨死体験者の言葉を紹介することによって、いくつかの観点から、臨死体験者の見た世界を整理してみたいと思います。

なお、光の世界のイメージを語ろうとする場合、とくに文章化が難しいのは、主体と客体との関係です。主体と客体との明確な分離は、身体を前提としています。私たちは、目や耳という感覚器官によって対象を認識するので、認識する主体と認識される客体とが区別されると感じることができるのです。しかし、臨死体験者の認識は身体（五官の作用）による認識ではないので、この場合の認識は、ある意味で、自分自身を認識するものです。構造としては、私たちが過去記憶を思い出す場合と同じであると思われます（ただし、認識が極めて鮮明である点が異なります）。エベン・アレグザンダーは次のように述べます。「現在の視点に立って考えれば、あの世界ではどんなものであれ、〝対象を見る〟ことはできなかったのだろう。そこには格助詞の〝を〟が表す分離の概念が存在していなかったからである。すべてをはっきりと識別することができたが、同時にすべてが周囲の一部でもあった。ペルシャ絨毯の複雑に折り重なった絵模様のように。あるいは、蝶の羽根の模様のように[111]。」

◇ 全体意識

臨死体験者の語る光の世界において、私が最も重要だと考えるのは、体験者が無限の全体と一体化する経験をしている点です。

末期がんから奇跡的に回復したアニータ・ムアジャーニは述べます。「私たち全員がつながっていることにも気づきました。その織り込まれた統合体は、人間や生物の範囲を超えて、もっと外へと拡大していき、すべての人間、動物、植物、昆虫、山、海、生命のないもの、そして宇宙全体まで含んでいるように感じられました。宇宙は生きていて、意識で満たされており、すべての生命や自然を包み込んでいるのだと悟ったのです。あらゆるものが、無限の〝全体〟に属していました。私も、すべての生命と複雑に絡まり合っていました。私たちはみんな、その統合体の一つの側面なのです。すなわち、私たちは一つであり、一人ひとりが集合的〝全体〟に影響を与えているのです[112]。」

オートバイ事故で瀕死の状態の中、臨死体験をした高木善之は次のように言います。「ここには物質的なものは何も無い。宇宙のように何も無いのかと言えばそうではなく空間も無いのだ。……ここには意識だけがある。ちょうど暗闇の中で考えているような感じ。自分の身体は無く、ただ意識だけがある。自分の意識とは別に巨大な意識がある。その意識はすべての意識の集合体のようなもので、全体意識と呼んでもいい。自分はこの全体意識の一部なのだ[113]」

エベン・アレグザンダーは、「あちらでは、個人としての認識が、同時に隅々まで宇宙に融和していた。そのため、自己として認知される境界がときには収縮し、ときには永遠の存在すべてを内に感じるほど拡張したりした。認識している境界と周囲との境界が限りなく曖昧になってくると、自分が〝宇宙そのものになった〟ように感じられることもあった[114]。」と述べています。

ジェフリー・ロングらのアンケートでは、次のような意見が紹介されています。「私たちは『複数が結びついたもの』あるいは『単一のもの』の中で生きている。すなわち、私たちの現実性は『複数の中の単一と、単一の中の複数』である。私はすべてのものの一部であり、すべてのものは私である。本質的な違いは外観だけである。私たちの外に神はおらず、むしろすべての中にいて、すべては神の一部である。生命も神の一部であるように[115]。」

先に紹介したリリーは述べます。「私は畏敬や尊敬の念に満たされ、自分がいかにちっぽけな存在であるかということを思い知った。すべてのことが非常に巨大な規模で起こっているため、私はただの極微の一観察者にすぎなかった。しかし、私はそれ以上の存在だった。私は、すべてがつながりをもった類似の存在からなる広大なネットワークの一部であり、何らかの形で、そこで起こっていることに責任をもっていた。個体性は一時的な目的のためにのみ与えられたものだった。時が来れば、そのネットワークに再吸収されるであろう。[116]」

以上のように、臨死体験者および感覚遮断体験者は、個としての意識を保持したままで、巨大な全体の一部となり、さらには全体そのものになるといった体験をしています。[117]

臨死体験者の見た「織り込まれた統合体」「すべてがつながりをもった広大な知的ネットワーク」に対して、どのような名称を与えるのが適切でしょうか。臨死体験者は、あの世、天国、向こう側の世界、大いなる私、大いなる生命、知恵の集合体、宇宙意識、膨大な意識体などと述べています。本書では、臨死体験者の見たものは「本来の私」であると考えますので、「全体意識（としての私）」と呼ぶことにしたいと思います。

◇ 知恵・思想

臨死体験者は、全体意識から知恵も与えられます。アレグザンダーは述べます。「高次の世界では、疑問が浮かべば、同時に答えも浮かんできた。疑問に対し、そのすぐ隣で花が開くようにして答えが浮かび上がるような塩梅になっていた。まるで宇宙の物理的粒子が互いに分離しておらず、質問にも必ず答えが付随しているかのようだった。返ってくる答えも、単純な〝はい〟か〝いいえ〟にはとどまらなかった。それは複雑に入り組んだ大都会のような高遠な概念の一大構造物、圧倒されるばかりの生きた思潮の構造物だった。地上の考え方の枠組みにとらえられていれば、何度も転生を重ねてようやくその片鱗に触れることができるような遠大なものだったが、そのときの私は地上の考え方には縛られていなかったのだ。[118]」

そもそも、物ごとを「理解する」とはどういうことでしょうか。アニータ・ムアジャーニは次のようなたとえを述べています。「巨大で、真っ暗な倉庫を想像してみてください。あなたは、たった一つの懐中電灯だけで、そこに暮らしています。そのとても大きな空間の中で、あなたが知っているのは、小さな懐中電灯の光で見えているものだけです。……身体のある生活とは、このようなものです。私たちは、自分の感覚を集中しているものだけに気付き、すでに馴染みがあるものだけを理解できます。では、ある日、誰かが電気のスイッチを押したと想像してください。そこで初めて、輝きと音と色がパッとあふれ出て、あなたは倉庫全体が見えるようになるのです。なんと、そこはこれまで想像していたような場所ではありませんでした。赤や黄色や青や緑の光が点滅し、輝いています。その中には、これまで見たことがなく、理解できない色もあります。これまでに聞いたこともないような、臨場感にあふれたすばらしい旋律が部屋中に響き渡っています。[119]」

臨死体験者が知恵を得るのは、これまで「世界」「私」と思い込んでいたものが、さらに大きな枠組みの中に位置付けられるからだと思われます。知恵とは、自分自身とこの世界とを理解することですが、この理解とは論理的な問題ではなく、真の全体の中で自分自身を確認したときに感じる一種の感情なのだと思います。そして、真の全体（全体意識）と私との関係は、はじめに述べたような、私たちが誤解している世界とはまったく異なっていたため、大いなる知恵を得たと感じるのだと思います。

アレグザンダーは次のように述べています。「真の思惟とは、物理次元以前のものである。それは思索以前の思索、この世界でわれわれの下すあらゆる判断の土台となる精神活動のことだ。線的推論にはよらず、稲妻のように迅速で、レベルの差異を超えて全体をひとつにまとめるのが、ほんとうの思惟である。この内在的な自由な知性と比べれば、通常の思考形態は救いがたいほど緩慢で明瞭さを欠いている。真の思惟こそが、アメリカンフットボールのエンドゾーンでパスのキャッチを可能にし、科学における洞察をうながし、インスピレーション溢れる歌を書かせる力なのだ[120]。」

修道院の急な階段から転げ落ちて臨死体験をした鈴木秀子も、同様の意見を述べています。「不思議なくらい、五感も思考もすべてがいきいきと冴えわたっていました。きっと、オリンピック選手がベストコンディションで世界新記録を樹立する瞬間とは、こんな状態のときなのでしょう。からだの全機能が最高の状態に保たれ、調和し、まさにとぎすまされているのです[121]。」

◇ガイドの存在

また、多くの臨死体験者が、光の世界で自分を導くガイドに会って、様々な事がらを教えられたという体験をしています。ガイドは、上述した全体意識の知恵を「私」に教えるための仲介者としての役割を担っています。亡くなった近親者などである場合が多いようです。

ハワード・ストームは次のように述べています。「天使たちは神の使者である。彼らは親戚の場合もあるし友人の場合もあり、その個人にとって最も神の愛の象徴となる人が送られる。あなたが死ぬと、ずっと会いたいと思っていた先に天に召されていた人たちが、あなたを待っているだろう。彼らはあなたを慰め、天へ連れ出す準備をしてくれるのだ。」「彼らは、あなたをこの物質的な世界から新しい現実の世界へと連れ出し、そこであなたは神の奇跡と力をはじめて知るのだ。天に引き上げられる者の数だけ、天国への入り口があり、それぞれの人がその人生や行動様式、霊的レベルに応じて天へ連れて行かれる。ある人は美しい平野に連れて行かれるかもしれないし、またある人は荘厳な城や、自分の祖父の家のようなところに連れて行かれるかもしれない。神と天使たちはその人を慰め力づけるために、特別な準備をするのだ。[122]」

ガイドとは、おそらく、個人としての私が全体意識としての私に戻る際に、スムーズに本来の世界を理解させるための仲介役として現れるのだと思われます。個人としての私は、知恵においてもいろいろな制限がかけられています。私たちにとって、制限がかけられた状態が当たり前の状態であって、制限のない全体意識（全存在）は、理解することの難しい新たな世界です。全体意識にはそれまでのすべての情報が集積されていますから、その中で、導き手としてもっともふさわしいキャラクターがガイドとして選ばれて（または自分で選んで）、本来の自分である全体意識を理解させてくれるのだと思います。

◇ 全体意識と情感

アレクザンダーは、「存在には人間への理解があり、人間と同じ性質も持ち合わせていたが、その度合いが桁違いに広く深かった。私のことも知り尽くしていた。私が人間特有の一面と考えてきたもの―温かさ、哀れみ、哀愁、さらには皮肉やユーモアといったもののすべてを溢れんばかりに備えていた。」と述べています[123]。

私たちは、感情的なものは私たちの内面にあるものと信じ込んでいますが、全体意識は情感にあふれているのです。これは当然かもしれません。全体意識はすべてを統合する意識ですから、個人としての私たちが備えているものは、必然的に全体意識も備えていると考えられます。

むしろ興味深いのは、自然や天候など私たちが外的世界と考えているものが、感情と連動しているということです。光の世界では、涙を流せば、滝のような雨が落ちてきますし、喜びがあふれてくれば、その瞬間に雲が消えてゆきます[124]。

これは、世界を語る場合、感情なしには語れないことを示しているように思います。私たちは海の眺めや満天の星空に感動します。なぜ感動するのかと聞かれれば、外界の情景が私の内側の感情を刺激したからだと答えるでしょう。しかし、実際はそうではなく、自然や宇宙自体が、荘厳な感情に満ち溢れているのです。

◇ 無条件の愛

ところで、臨死体験者は、その世界において、「無条件の愛」と表現される非難や否定の存在しない全面的な受容を感じると言います[125]。アニータ・ムアジャーニは述べます。「向こう側の世界に深く入っていき、拡大しながらすべての人やものと一つになるにつれて、愛する人たちや周囲の状況への愛着がゆっくりと消えていきました。その間、すばらしい〝無条件の愛〟としか表現できないものが私を取り囲み、しっかりと包んでくれたのです。でも、その感覚は、〝無条件の愛〟という言葉では十分に表せるものではありません。それはあまりにも乱用されすぎて、言葉の持つ強烈さが失われているからです。ともあれ、長い身体的闘いからやっと解放された私は、この自由というすばらしい体験を楽しんでいました[126]。」

なお、身体的存在としての私たちが、「無条件の愛」を感じることができないのはなぜでしょうか。これが日常的に感じられるならば、人生は格段に幸福なものとなるはずです。この点は次章で述べることと関係しますが、前もって簡単に指摘しておきたいと思います。まず、私たちは、身体によって、「無条件の愛」を「無条件に」感じられる状況からは遮断されているものと思います。言い換えれば、身体が、私たちを「現実」に直面させているのです。しかし、無条件の愛がまったく感じられないのかといえば、そうではなく、それを感じる方向へと自分をいざなうこともできますし、そこから離れる方向へといざなうこともできます。「無条件の愛」を感じることができる方向とは、おそらく私たちが全体意識を感じている状態であり、これは私たちの「自由」「自発性」と関係するものと思われます。自由を感じられる状態は、同時に、無条件の愛に近づいた状態と思われるのです。しかし、身体から完全に離れない限り、私たちは、臨死体験者が体験したようなレベルでの「無条件の愛」を体験することはないものと思われます。

◇チャネリング・エリック

これまで、臨死体験をしてこの世に帰還した人たちの証言から、全体意識の世界を眺めてきましたが、最後に、死んだ人間の話を紹介したいと思います。エリック・メドフスによる『死は終わりではない』という著書です[127]。二〇歳の時に銃で自死したエリックの話をまとめたものですが、生前に書かれたものではありません。エリックが、死後に、スピリット通訳者ジェイミー・バトラーを介して語った内容がまとめられています。エリックは、死んだ後に、自分の死の瞬間、葬式の様子、あの世の世界への移行、死後の世界、ブログを通じたこの世における活動などについて語っています。

死んだ者が語る死後の世界はどのようなものでしょうか。エリックは、自分自身は身体がなくエネルギー体（スピリット）として存在していること、その世界はすべてが明るい鮮やかな色で塗られていること、あらゆる感覚が私を外からも内からも包んでいること、感覚は対象のエネルギーと同化することによって得られること、別のスピリットに触れれば、その感情、意図、過去、現在などが一瞬にして伝わってくること、スピリットは欲しいものを瞬時に作り出すことができることなどを語っています。

エリックの話は、臨死体験者が語る世界と共通していますが、ひとつ、新しい点が付け加わっています。それは、スピリットたちは、この世にいる私たちに対して、霊的エネルギーによってコミュニケーションをとることができるという点です。つまり、死後の世界にいるスピリットたちは、現世で暮らす私たちにコンタクトをとることができるのです。それは、私たちの側から見れば、「声をかけられる」「夢に現れる」などとして感じられるもののようです。これは想像ですが、私たちが瞑想などをして感じる「内心の声」「良心」「直感」などと言われているものは、実は、全体意識の中にいるスピリットたちとのミュニケーションによって感じられるものではないかと思います。

エリックの母親がチャネリング・エリックというブログを開設しています。スピリットガイド（あの世から人間を導く仕事）となったエリックは、今でも、インターネット上のブログを通じて、全世界の人たちのサポートをしています[128]。

◇ 私の意識

本章を終えるにあたり、私の意識・認識という観点から、これまで述べてきた全体意識の世界の特徴を整理したいと思います。

(1) 私には身体は存在せず、意識だけがある。

(2) 私の意識は、身体にとらわれているときと比べて、極めて明晰であり、かつ、強い現実感(リアル感)を伴っている。

(3) 私は、限りない自由と解放感に満たされている。また、私は、大きな愛に包まれ、至福感に満たされている。

(4) 私の意識は大きく拡大したり、収縮したりする。拡大すると、宇宙全体を包み込むほどに感じられる。

(5) 私の認識において、見ることと聞くことなどの明確な区別は存在しない。

(6) 直線的な時間は存在しない。すべての瞬間に過去、現在、未来を同時に認識する。

(7) 私の認識において、時間と空間の区別は存在しない。私は、時空を自由に瞬間移動(テレポーテーション)することができる。

(8) 私は、その世界で出会った人たち(スピリットたち)について、言語によることなく、そのすべてを理解することができる。

（9）私は、全体意識の中にいても、こちらの世界とコンタクトをとることができ、霊的エネルギーによってこちらの世界とコミュニケーションをとることができる。

第5章　全体意識としての私と個人としての私

◇意識は脳の働きによるのではない

臨死体験は、その間の意識が、脳（大脳皮質）の働きとは完全に切り離されたものであるということを示しています。私たちは、脳がなくても五官の作用がなくても認識を行うのです。そして、そこで体験する世界は、まぎれもない現実の世界です。

これは興味深い事実です。私たちは、五官の作用によって、また、それらを統合する脳の働きによって、世界を認識しているのだと考えてきました。ところが、臨死体験者の体験談は、私たちの認識には、元来、五官の作用も脳も必要ではないということを示しています。

しかし、そんなことがありうるのでしょうか。臨死体験者の見たものは、結局のところ、意識が低下した状態における脳の働きであるとする見解も依然根強く主張されています。

この点は、いずれ決着がつくでしょう。なぜなら、現代科学によってある程度、実証が可能だからです。臨死体験者のうちいわゆる体外離脱をした者は、病室にいた人たち（また、その場にいない人たちも含めて）の会話をよく覚えています。会話内容の一致または不一致は、他の関係者によって確認することができます。また、危篤状態にある者については、脳波などの検査がなされていることが多いですから、臨死状態にある患者の脳波を検査することもできます。これらを実証的に分析することによって、臨死体験者の意識が脳に基づくものかどうかはある程度明らかになっていくものと思われます[129]。

臨死体験者の体験談は、事物の認識には、元来、五官の作用も脳の働きも必要ではないということを示しています。そして、私は、この驚くべき事実を明らかとした点において、臨死体験者の経験は、科学の新しい地平を開くものであると考えます。

◇臨死体験者の見た世界は本来の「私」である

また、感覚遮断実験によって現れた世界と臨死体験によって現れた世界とが共通するということは、「死」という事象に特別の意味があるのではなく、感覚器官が機能しなくなるという事態または感覚器官から完全に離れるという事態が、私たちを全体意識へといざなったことを示唆しています。私たちは、肉体から解放されると、全体意識（全存在）を目の当たりにすることになるのです。

そして、これまでの考察から、全体意識（全存在）は「あの世」ではありません。私が「あの世」に行って、「この世」に戻ってきたのではありません。これはまさに、先に指摘した「私自身」です。私は元来、この物質世界にはいません。私は数えられません。Aさんの私とBさんの私は同じ私です。私は、五官の作用が停止し、脳が機能しなくなったとき、この本来の私を理解するのです。

すなわち、私たちは、現在でも全体意識（全存在）なのです。ただ、脳や感覚器官が、五官の作用によって認識できる範囲に私たちの認識を制限しているので（スクリーンをかけているので）、それに気がつかないだけです。しかし、脳の機能から解放されれば、私たちに隠されていた世界が見えてきます。それは、あたかも昼間は太陽の強烈な光線によって遮られていますが、夜になると満天の星空を眺めることができるようなものです。

私たちは元来全体意識ですから、すべては私の内側にあります（正確に言えば、内側と外側との区別はありません）。私が身体に入り込むと、私は身体に固定され、そこから世界を認識することになります。身体の存在は、認識する主体としての私と客体としての世界とを分離させます（分離したように思わせます）。視座が固定されていますから、私の認識は、全体意識としての私のような自由な認識ではありません。しかし、認識している世界は、元来、私の内にある世界です。

また、臨死体験者の体験談は、臨死体験中の私と自分の肉体に戻った私とが同じ「私」であることをも示しています。違う点は、臨死体験中の私は全体意識としての私であり、身体に戻った私は身体によって視座を限定され、また、身体によって、私（意識）と世界とが分離された（ように思わされた）私です。臨死体験者が全体意識において「私」であり続けることができるのは、おそらく、それまでの個人としての私の記憶が全体意識でもそのまま保持されているからだと思われます。

◇脳の役割

そして、脳の役割についても、私たちは誤解をしています。一般に、脳は、意識を作り出す場所と考えられています。しかし、事実はその逆です。脳は、広大で深遠な全体意識を遮断し、覆い隠すことによって、私たちを目の前の特殊状況に集中させるためのフィルターと考えるべきです[130]。全体意識は、これまでに蓄えられた知恵の束ですから、その情報量はあまりにも膨大です。個人の直面する特殊状況に適切に対応しようとする場合、私が全体意識そのものであれば、その情報量に圧倒され、直面する個別状況に対して何から手を付けたらよいか分からなくなります。脳は、意識を個人としての私にとって必要な範囲に限定するためのものと考えられます[131]。

脳の機能のために、臨死体験者は、この世（身体に結び付けられた私）とあの世（全体意識としての私）の間の長いトンネルを意識し、この世とあの世とを区別します。しかし、繰り返し述べているように、この世とあの世とは別の世界ではなく、この世は、私が個人として自由な活動を行うために、一定の制限をかけられた世界です。

◇何が制限されているのか

それでは、全体意識である私は、個人としての私（身体に結び付けられた私）となることによって、いったい何が制限されていると考えるべきでしょうか。すでにいくつかの点を指摘しましたが、ここでまとめておきたいと思います。

（1）個人としての私は、世界を認識する視座が身体に固定されています。すなわち、個人としての私は、目、耳、鼻、舌、皮膚などの感覚器官からのみこの世界を認識します。これは、次に述べるように、視座を固定することによって逆に世界を固定し、これによって個人としての私に「自由」を与え、「創造」を行わせるための仕組みと考えられます。これに対し、全体意識としての私の認識は、感覚器官によらない認識であり、私が意識を向けた場所に自由におもむくことができたり、また、意識が世界全体に拡大したりします。

（2）個人としての私には、時間の限定がかけられています。時間が存在するのは、後述するように、身体が存在することの必然的な帰結であり、これによって創造を可能とする仕組みです。一方、全体意識としての私には、時間の垣根がありませんので、過去にも未来にも自由に行くことができます。

（3）個人としての私は、自由に動かせる範囲が自己の身体に限定されています。これはむしろ、自由意思に基づいて身体を自在に動かせる点を強調すべきでしょう。全体意識としての私は、世界を自在に改変することが可能と思われますが、全体意識が、自ら作り出した世界を、個人としての私たちの人生に影響を与える時間的スパンの中で改変することはないものと思われるからです。

（4）個人としての私は、原則として、他の者の身体に入り込むことはできません。また、他の者の体験を直接、自分の記憶として留めることはありません。これは、創造の視点を定めるための限定と思われます。全体意識としての私は、他の者の感情を内側から理解することができ、その過去体験を直接参照することができます。

（5）個人としての私には、知恵（思想、感情）の受容に抑制がかけられています。前章で述べたように、全体意識としての私は、思想や感情を溢れんばかりに有しています。臨死体験者は、疑問にただちに答えられ、絶対的な愛といわれる感情に包まれます。しかし、個人としての私は、このようなことはありません。これは、個人としての私を現在直面している状況に集中させ、そこで自由に活動させるための仕組みと考えられます。

◇全体意識としての私と個人としての私

私たちは、元来、全体意識（全存在）です。しかし、同時に個人でもあります。両者はどのような関係にあるのでしょうか。

臨死体験者は、自分が全体と一体化したり、個に戻ったりするという体験をします。私たちが自己の個体性を理解できるのは、私たちが全体性を持つからです。また、全体性を理解するのは、私たちが個体性を有するからです。私たちは、元来、全体性と個体性とを併せもつので、全体意識たる自分も、個人としての自分も、それぞれに理解することができるのです。なお、これは身体があるか否かには関係ありません。臨死体験中であっても、身体にとらわれていても、私たちには全体性と個体性とがあります。これは存在の基本的な構造ともいえるものです。現代人は、自分の個体性の方は理解できますが、自分の全体性に気がついていません。しかし、個体性を理解できるのは、私たちが全体性を有しているからです。

全体意識としての私が身体に入り込むと、世界を認識する視座が身体に固定されます。換言すれば、私たちは、目、耳、鼻、舌、皮膚の五官の作用によってのみこの世界を認識するようになります。これは、これまで全体意識が経験したことのない新しい状況を現出させたということです。

なぜ新しい状況なのでしょうか。たとえば、建築家が、サッカー選手にとってプレーのしやすいサッカー場を作ろうと、細部まで気を配って設計をし、その通りのサッカー場を完成させたとします。当然建築家は、そのサッカー場を隅から隅まで熟知しています。ところで、この建築家は実はサッカーの選手でもありました。スタジアムの完成を祝うオープニングゲームで、建築家は、自らが設計したサッカー場のピッチに立って多くの選手たちと共に試合を行うことになりました。これは、建築家にとって新鮮で感動的な体験だったと思います。たとえ、スタジアムについて熟知していたとしても、建築家にとって、そこでサッカーの試合を行うことは別の新しい体験です。

視座が固定されると新たな状況が生み出されるということの意味は、右のたとえでお分かりいただけると思います。全体意識としての私は、個人としての私になることによって、全体意識としての私がこれまで経験したことのない新たな経験をするのです。逆に見れば、全体意識としての私は、自らが作り出した世界の中に身体という視座を設けることによって、世界を、個人としての私が自由に活動するためのフィールドとしたのです。

全体意識としての私にとって、個人の直面する状況は、これまでに経験したことのない新たな状況です。だから、全体意識といえども、その状況下で何をなすべきかについて、決まった答えを持っているわけではありません。ということは、全体意識は、特殊状況に直面して、特殊状況に応じた一定の判断をしなければなりません。この判断者として立ち現れるのが「個人」としての私です。全体意識としての私と個人としての私とが区別されるように見えるのはこのためです。

◇ 時間は身体によって作られる

以上の点を別の観点から説明したいと思います。全体意識としての私は、個人としての私となることによって、時間の観念を獲得しました。これをただちに理解してもらうのは難しいと思います。全体意識には、時間の観念がありません。臨死体験者は、時間、空間を超えて、自分が意識する場所に行き、あらゆる事象を瞬時に認識することができるといいます。身体がなければ、過去も現在も未来も、すべて同時に起こっています。直線的な時間は身体によって作り出されるのです[132]。

この点を次のような比喩で説明したいと思います。全体意識は、これまでのすべての経験に基づく書籍が極めて整理された形で収蔵されている図書館です。そこには、すべての時代、すべての場所のあらゆる図書が、整理されて収蔵されています。私たちは、図書館に行けば、それがどこの場所でいつの時代に出版された本であっても、必要な本を瞬時に見つけ出し、閲覧することができます。

一方、身体的存在としての私は小説家です。私は、小説を書くために、図書館を大いに活用することができます。しかし、これから書こうとしている小説は、当然図書館には収蔵されていません。私が小説を書き上げて本にまとめ、図書館に寄贈しない限り、私の本は、図書館にはありません。小説家としての私には、構想を練っている段階（過去）、執筆している段階（現在）、小説を書きあげ図書館に寄贈した段階（未来）があるのです。小説家たる私には、過去、現在、未来があるのです。

全体意識としての私には時間の観念がなく、身体に結び付けられた私には時間の観念があるのは、これと同じことです。身体に結び付けられた私に時間の観念があるのは、これまで存在しなかった新たな小説を作り出すからです。新たな創造があるところには、創造されていない過去と創造中の現在と創造される未来とが存在します。すなわち、直線的な時間の観念が生まれるのです。

なお、図書館には未来に関する本も収蔵されています。しかし、それは予想の書にすぎません。なぜなら、その未来は私たちによって変えられる可能性があるからです。小説家である私も、結局、小説を書き上げることができなくて、図書館には本が収蔵されない未来もありえます[133]。

◇創造ということ

右の説明から明らかなように、個人としての私たちが時間の概念を生み出しているということは、「創造」を行っているということです。むしろ、新たな創造があるから、創造される前の過去と創造中の現在と創造される未来とが存在すると言った方が正確でしょう。個人としての私の直面する状況は、時間的経過の中の現在の一点であり、時間は流れますから、まったく同じ状況はどこにもありません。

なお、全体意識は、身体に結びつけられた私たちが有する時間感覚で、少なくとも一三八億年の間、創造を進めています。そこに、百年足らずしか生きない個人としての私たちが、いかなる創造を付け加えるのでしょうか。

創造という場合、海や山や人間を作り出すことばかりが創造ではありません。私たち人間および他の生物が、多様で緊密な生態系を形作っていくことが創造です。個人としての私たちの創造とは、全体意識が作り出した世界の素材を用いて、それを再構成する意味での創造です。小説家が新しい小説を書く場合も、小説の素材、論理などはすでに全体意識の知恵の中に用意されています。小説家はその素材を用いて、それを再構成して、新たな小説を生み出すのです。

換言すれば、個人としての私たちの行う創造は、全体意識の融通無碍なる創造ではなく、一定のキャンパスをしつらえて、このキャンパス自体は動かすことができず、その中で、個人の身体を自由に動かして行う創造です。サッカーでいえば、試合中に、フィールドの長さを突然変えられたり、ルールが変更されたとしたら、試合は楽しいでしょうか。競技場やルールが固定されているから、サッカー選手はそこで最高のパフォーマンスを行うことができるのです。私たちが自由であるためには、活動するフィールドは固定されている必要があるのです。

◇全体意識はなぜ人間（個人）を創造したのか

それでは、全体意識は、どうして個人としての私たちを作り出したのでしょうか。これまでの検討でほぼその答えが示されていますが、改めてまとめたいと思います。

この点は、私たちが楽園をどのようにイメージするかを考えれば、おおよそ理解することができます。楽園と聞いて、どのような世界を思い浮かべるでしょうか。楽園、理想郷、桃源郷などの概念は、それぞれが宗教的、思想的背景があるものですから、思い浮かべる内容は、文化的背景と個人の感性とによって、相当に異なるでしょう。しかし、共通する部分があります。それは、そこでは人々が楽しく暮らしているということです。楽しく暮らすということは、人々の「自由」が前提とされています。おそらく、全体意識の作り出した世界も、私たちが自由に生活するということを不可欠の要素としているのです。

全体意識は、理想世界の実現を目指してこの世界を創造してきました。地球上では、陸上や水中で、多種多様な植物が有機物や酸素を作り出し、様々な動物が植物の作り出す有機物や酸素を取り込み、動物の排出物や死骸をミミズなどの小動物や微生物が分解して土にかえし、また、植物がそれを養分として取り込むといった緊密な生態系が形作られています。この多様で緊密な地球生態系を発展させることこそが、全体意識の目指す理想世界の実現であると思われるのです。

こうした多様な生態系の中に人間がいます。人間が存在する理由は何でしょうか。自然はそのままでも十分に美しいのですが、人の手が加わるとさらに美しくなります。最近日本では、里山が注目されています。里山は、人々が山や丘陵からの湧水を利用して谷戸を開き、水田を作り、周りに雑木林を育んでいく環境です。むしろ外国人が日本の里山の美しさに感動すると言います。日本はかつて、葦原中国（あしわらのなかつくに）と言われたように、多くの土地がアシの生い茂る原野または湿地帯（氾濫原湿地）であったと思われます。そこに人の手が入ることによって、里山、里地が作られていきました。[134]

里山は私たちにとって心安らぐ風景ですが、同時に、生態系の維持、発展という観点からも優れています。人の手で管理された谷津田や雑木林は、様々な動植物を育んでいます。[135] 私たち人間は、生物多様性を維持発展させていくために、知恵（理知）が与えられているのです。

◇　自由とは何か

これまで、私たちにとって自由が最大の価値であることを強調してきました。ここであらためて、個人としての私たちの「自由」についてまとめておきたいと思います。先に述べたとおり、全体意識は、特殊状況に直面して、特殊状況に応じた一定の判断をしなければなりません。この判断者として立ち現れるのが「個人」としての私です。この点は、同時に、私が、個人の直面する状況に立ち向かう「自由」を得たということでもあります。

ところで、「自由」はどのように定義されるべきでしょうか。自由の定義を考える場合、自由とは、何ごとかを選択しそれに従って行動することなのか、何ごとをもなしうる状態にあることなのかという問題があります。すなわち、自由は、意思的行為なのか、状態・存在なのかという問題です。従来、この両者はまったく別の事がらと考えられてきました。しかし、本書の立場からすれば、世界を認識する行為と世界が存在するという状態とが同じですから、自由に行動することと自由な状態にあることとは、結局同じ事がらだと思われます。

なお、現代人は、自由を、「何をしてもよいこと」と考える傾向にあります。この表現は、選択の自由が念頭に置かれています。選択の自由も自由の一部ですが、この観点からのみ自由をみると、その本質を見誤る可能性があります。選択の自由に焦点を合わせると、私たちは人を殺す自由もあるなどという議論になってしまいます。自由は各個人の人生（生活）全体の問題です。私たちが一定の選択を行う場合も、何を選択するかが問題なのではなく、選択をしたときに、ほんとうに自由な状態だったのか否かが問題です。

自由を考える上でむしろ重要なのは、私たちが全体意識であることを理解することです。なぜなら、私たちは、世界から切り離された個人であると誤解したままで選択を行うと、個人的なエゴや私的感情に基づいて判断をしがちになるからです。こうした誤解から解放されることで、私たちは真に自由になれます。そして、自分が全体意識であることに気付けば、個人としての私の直面する特殊状況に対して、どのように行動すべきなのかも、おのずと明らかになるものと思われます。

◇知恵

私たちは、「知恵」は誰かから教えられるものだと信じています。しかし、私たちは全体意識ですから、知恵は教えられるものではなく、最初から自分の内にあるものです。しかし、個人としての私たちは、現在の特殊状況に対応するために、知恵の受容に制限がかけられています。どのように制限されているのでしょうか。

この答えは、前項の考察から明らかでしょう。すなわち、私たちには自由が与えられていますので、知恵の受容についても、自由意思に委ねられているのです。私たちが求めれば、その知恵は自然と与えられます。この点は、従来、良心、神の声、天の声などと言われてきました。むしろ、現代人は、前項で指摘したように、世界に関して大いなる誤解をしており、また、経済的合理性の思想に由来する目的・手段の考え方が染みついていますから、現代人は、元来、自然と与えられるはずである知恵を受信するための感度に問題があると言えるかもしれません。

困難な状況に対する対処の仕方として、アニータ・ムアジャーニの次の見解はたいへん参考になります。「内側が外側に影響を与えるという見方は、自分の内なる導きを十分に信頼することを意味します。それは、私の感じていることが、私の宇宙全体に影響を及ぼすということです。言い換えれば、私はクモの巣状の宇宙の中心にいるので、全体に影響を与えているのです。ですから、もし私が幸せなら、宇宙も幸せです。私が自分を愛していれば、他のみんなも私を愛するでしょう。もし私が平和ならば、すべての創造物が平和なのです。」「それがわかってからは、状況が困難に思えたら、それを物理的に変えようとするのではなく（臨死体験の前に、私がしていたことですが）、まず自分の内側の世界を調べるようになりました。ストレスや不安、惨めさを感じたら、内側に入って、その感情と向き合いました。気持ちが落ち着き、自分の中心を感じられるまで、一人で座ったり、自然の中を歩いたり、音楽を聴いたりするのです。そうすると、外側の世界も変わり始めて、何もしなくても障害物が消えていくということに気づきました。[136]」

私たちは、全体意識の有する知恵、すなわち元来私たち自身が有している知恵に耳を傾けることが必要です。[137]

◇苦労とか試練とか

ホッキョクグマのメスは、冬眠中に生まれた子グマを連れて、北極の凍てつく寒さの中を数千キロ移動することがあるそうです。道中には多くの危険が待ち受けています。子グマの半分は、移動の途中で命を落としてしまいます。動物を扱ったドキュメンタリーを見ると、ほとんどの動物たちは、過酷な自然環境の中で、生命の脅威にさらされながら成長していくことが分かります。

また、私たち人類を見ても、その歴史は様々な困難に満ちています。飢餓、疫病、戦争、震災などなど。なぜ、私たちの生活はかくも試練に満ち溢れているのでしょうか。

臨死体験をした木内鶴彦は、個人としての私たちをコンピューターゲームのキャラクターに例え、ゲームを面白くするために、「あえて」登場するキャラクターには試練が与えられるのだと述べています[138]。これは面白い考え方です。朝の連続テレビ小説の主人公が苦労をしながら成功していく様子を私たちが楽しむように、私たちに与えられる苦労や試練は、私たちの人生を豊かにするためのものだというのです。実際、スポーツや登山など私たちが楽しいと思う事がらの多くは、苦労と試練とがつきものです。お年寄りが昔の苦労話を楽しい思い出として語るのも、それが自分の人生でもっとも印象深い出来事だからだと思います。

生物にとって、試練を乗り越えることは生きることそのものです。試練があることによって、生きることそれ自体に価値が与えられているのです。また、今回の新型コロナ危機を見ても分かるように、与えられる試練は、これまで経験したことのない新しい試練です。歴史的に見れば、これまで何度も全世界的な規模の感染症の流行はありました。しかし、これほど全世界的規模で人々の交流が密になった中での新たな感染症の大流行は、世界の歴史の中でも初めてのことです。私たち人類は、この新たな危機を乗り越えなければなりません。

私は、試練とは、私たちの前に新たな状況が現出したということであり、試練を乗り越えるとは、新たな創造を生む行為だと考えます。私たちは、多かれ少なかれ、常に試練を与えられており、これを乗り越えることによって、新たな創造を行っているのです。

このように考えると、私たちが人生の中で直面する試練には、必ず乗り越える方法があるものであり、試練とは、それを乗り越えることによって、私たちを個人として成長させ、自分の人生を感動的なものとするための道具立てではないかと思うのです[139]。たぶん。

◇それを神と呼んではいけないのか

ところで、ハワード・ストームは、自らの臨死体験において、イエス・キリストや天使たちと対話を行い、その対話を通じて、「神は私たちと共におられる。神の霊は、私たちがする全てのことに関わりたいと願っておられる。悟りとは、あらゆる瞬間に神が働いていることを知ることである。神の霊が働く人生こそが、本当の人生なのだ。」と述べています[140]。これは、私が上で述べた自由や知恵の説明と同じ事がらを述べているものと思います。

その上で、ここで問題としたいのは、私が「全体意識」と呼んだものを「神」と呼んでよいかどうかという点です。

ジェフリー・ロング＝ポール・ペリーが指摘するように、臨死体験それ自体は、世界各国でおおよそ同一のものと思われます。しかし、その体験を意味づけ、言語化する際には、その者が属する文化の影響を強く受けます。ハワード・ストームのように、キリスト教圏で育った人間にとって、神と個人との枠組みで理解することが最も納得のいく体験の言語化であったと思われます。元来、ある事象を意味付け、言語化する作業は、一定の文化的背景の中でなされるものですから、同じ情景を見ても、その言語化は人の数だけ異なって当然です。しかも、彼らが見たものは、それまで経験したことのない特異な体験です。

こうした点を前提として、全体意識を神と呼ぶことには、全体意識と私とを区別する傾向が認められます。一方、「全体意識」という場合は、個人としての私と全体意識としての私との一体性が強調されます。

本書は、私たち自身を全体意識（全存在）とするものですから、本書の立場からすると、全体意識を神と呼ぶのは適切ではありません。しかし、本書は、世界の見方に対する現代人の誤解を指摘したにすぎません。全体意識が、どのようにしてこの世界を、これほどまでに複雑・緻密に創造したのか、また、私がなぜ身体を自在に動かせるかなどの点には言及していません。ですから、この創造の叡智は、今のところ、「神の御業」といってもよいものです。なお、本書の立場からすると、もしこの創造の叡智を神の御業というならば、私も神であると言わなければなりません。

◇全体意識を感じる方法

私たちが全体意識を完全な形で体験するのは、私たちが脳や感覚器官から完全に解放されたときです。ですから、身体にとらわれている私たちは、それを明確な形で理解することはできません。その世界は、臨死体験などの特異な経験をした人だけが見ることができる世界なのです。臨死体験をした人自身も、身体にもどってからは、完全な形でそのとき見た世界を体験することはありません。

しかし、一方で、私たちは元来、全体意識ですから、身体にとらわれているとしても、全体意識を何らかの形で感じ、理解していると考えなければなりません。この点、私は、最初に示した二つの誤解から解放されることが、全体意識を理解することに通じるものと考えます。

まず、世界は私と関係なく客観的に存在するものではありません。私が世界を認識することがすなわち世界が存在するということです。これは、認識行為と認識客体とを区別しないということであり、私たちが全体意識（全存在）である私たち自身を眺めているということです。世界の認識が世界の存在だと理解することは、私が世界創造の主体であることを理解することにほかなりません。

また、私たちは、身体的な存在ではありません。私たちは、世界全体を認識し、全体を統合し、世界を現出させている主体です。私たちは、感覚器官からの刺激をまとめあげ、そこからひとつの世界を作り上げています。しかし、これは、私たちが別々の感覚刺激をまとめ上げているのではなく、全体意識(全存在)である私たち自身を認識していると考えた方が素直だと思います。私たちは別個の感覚刺激を統合しているということを意識することはありませんが、なぜないかといえば、全体はすでに私たち自身の内にあるからです。

すなわち、私たちが現代人の有する強固な思い込みから解放されれば、私たちは、もうそれだけで私たちが全体意識であることを理解することができると思われるのです。これは想像ですが、こうした偏見を持たなかった人々(文明を経験する以前の人々)は、おそらく全体意識を感じていたものと思います。また、臨死体験者は、自分たちの見た世界に近づく方法として、瞑想、教会で礼拝体験、海を眺めることなどを挙げています。

なお、現代人の強い誤解は、「世界は外側にある」と信じ込んでいることです。しかし、私たちは、身体にとらわれ、五官の作用によってこの世界を認識していますので、これはやむを得ないことでもあります。先に述べたとおり、全体意識の世界は、身体から完全に離れるということがなければ、実際のところを理解することはできません。あくまでイメージとして述べさせてもらうならば、私は、「外側の光を受け入れる」という視点でこの世界をみるのではなく、「内側の光を解放する」といったスタンスで世界と向き合うことが、全体意識を感じる方法ではないかという気がしています。

第6章　関連した問題

◇プラトンの思想

ところで、古今東西の思想の中で、臨死体験者の見た世界に極めて近い思想といえば、プラトンのイデア論を最初に挙げるべきでしょう。『国家』の中で、プラトンは（ソクラテスの語りを通じて）、私たち人間は、地下にある洞窟状の住いの中におり、洞窟の奥の壁しか見えない形で縛り付けられている囚人であるとします。入口側の上方、囚人の背後に火が燃えていて、この火によって壁が照らされています。その火と囚人との間に衝立がしつらえられ、人々が、操り人形を出して見せるように、いろいろな材料で作った人間や動物が差し上げられながら運んでいます。囚人は壁しか見ることができないので、壁に映し出されたその影を見ています。囚人はその影を真実の世界と考えています。

これに続けて、プラトンは、次のように述べます。「いま話したこの比喩を全体として、先に話した事柄に結び付けてもらわなければならない。つまり、視覚を通して現れる領域というのは、囚人の住いに比すべきものであり、その住いのなかにある火の光は、太陽の機能に比すべきものであると考えてもらうのだ。そして、上へ登って行って上方の事物を観ることは、魂が〈思惟によって知られる世界〉へと上昇していくことであると考えてくれれば、ぼくが言いたいと思っていたことだけはとらえそこなうことはないだろう。……知的世界には、最後にかろうじて見てとられるものとして、〈善〉の実相（イデア）がある。いったんこれが見てとられたならば、この〈善〉の実相こそはあらゆるものにとって、すべて正しく美しいものを生み出す原因であるという結論へ、考えが至らなければならぬ。すなわちそれは、〈見られる世界〉においては、光と光の主とを生み出し、〈思惟によって知られる世界〉においては、みずからが主となって君臨しつつ、真実性と知性とを提供するものであるのだ、と。そして、公私いずれにおいても思慮ある行ないをしようとする者は、この〈善〉の実相をこそ見なければならぬ、ということもね[141]。」

プラトンの述べる善のイデアは、臨死体験者の見た世界に極めて近いものです。プラトン主義は西洋哲学の一つの潮流であり、『国家』が書かれたのは、紀元前三七五年前後と言われていますから、二四〇〇年前から脈々とこうした思想は受け継がれているのです。

◇ 教育とは

上の文章に続くプラトンの教育論は、さらに興味深いものです。「もし以上に言われたことが真実であるならば、われわれは、目下問題にしている事柄について、次のように考えなければならないことになる。すなわち、そもそも教育というものは、ある人々が世に宣言しながら主張しているような、そんなものではないということだ。彼らの主張によれば、魂の中に知識がないから、自分たちが知識をなかに入れてやるのだ、ということらしい―あたかも盲人の目のなかに、視力を外から植え付けるかのようにね」……「ところがしかし、いまのわれわれの議論が示すところによれば……ひとりひとりの人間がもっているそのような〔真理を知るための〕機能と各人がそれによって学び知るところの器官とは、はじめから魂の中に内在しているのであって、ただそれを―あたかも目を暗闇から光明へと転向させるには、身体の全体といっしょに転向させるのでなければ不可能であったように―魂の全体といっしょに生成流転する世界から一転させて、実在および実在のうち最も光り輝くものを観ることに堪えうるようになるまで、導いていかなければならないのだ。そして、その最も光り輝くものというのは、われわれの主張では、〈善〉にほかならぬ。そうではないかね？」「そうです。」「それならば、教育とは、まさにその器官を転向させることがどうすればいちばんやさしく、いちばん効果的に達成されるかを考える、向け変えの技術にほかならないことになるだろう。それは、その器官のなかに視力を外から植えつける技術ではなくて、視力ははじめからもっているけれども、ただその向きが正しくなくて、見なければならぬ方向を見ていないから、その点を直すように工夫する技術なのだ。[142]」

「教育とは向け変えの技術である」とは実に面白い見方です。そして、この考え方は、本書の主張に合致するものです。

◇仏　教――全体意識を観察する方法――

また、宗教の中にも、臨死体験者の見た世界を思わせる記述が数多くあらわれます。とくに、仏教における極楽の世界は、臨死体験者の体験談を下敷きにしたのではと疑う光景が描き出されています。日本人にとってなじみ深い浄土三部経のうち無量寿経、阿弥陀経は極楽（sukhāvatī、幸あるところ）がどのような場所であるかを示した経典です。極楽には、無量光（amitābha、限りなき光）または無量寿（amitāyus、限りなき命）と名付けられる如来が住んでいます。彼すなわち阿弥陀如来の光明は無垢で広大であって、すべての者たちの心に安楽を生じさせ、知恵を与え、喜悦をもたらします[143]。この説明は、臨死体験者の見た世界における「光の存在」を思わせます。

また、極楽（幸あるところ）は、豊かで、平安で、麗しい場所です。種々のかぐわしい香りが漂っており、種々の花や果実が豊かであり、宝石の木々に飾られています。宝樹をゆすれば、妙なる香りの美しい花が舞い落ちてきます。七種の宝石からなる蓮池があり、蓮池は四種の宝石からなる階段に囲まれています。そこを流れる何本もの河は、宝石にゆらめく花束を流し、甘美な響きをもたらします。この世界では、時が来ると、天上の雲から香水の雨が降り、あらゆる色の花や宝石が舞い落ちてきます[144]。これらの記述は、臨死体験者の見た世界を想起させるものです。

そして、観無量寿経では、私たちがどうすれば極楽（幸あるところ）を観察することができるのかが説かれています。その方法とは、心を一筋に、思念を集中して極楽を想うことすなわち観想です。[145] はじめに、心を集中して、今まさに沈もうとする太陽を観察します。見終わったならば、その映像がはっきりと残っているように努めます。これが太陽の観想です。次に、清らかな水を観察した後、その様子がはっきりと残っているようにします。これが水の観想です。次に、極楽の大地を想い、その様子がはっきりと残っているようにします。これが大地の観想です。以下、観無量寿経では、心を統一して極楽（幸あるところ）をイメージする一三の方法が列記されています。

観無量寿経は、釈迦の死から八〇〇年程度経た後に成立したものと考えられていますが、釈迦の言葉に最も近いとされる原始仏教の経典「スッタニパータ」では次のように述べられています。「有ると言われる限りの、色かたち、音声、味わい、香り、触れられるもの、考えられるものであって、好ましく愛すべき意（こころ）に適うもの、それらは実に、神々並びに世人には『安楽』であると等しく認められている。また、それらが滅びる場合には、かれらはそれを『苦悩』であると等しく認めている。（しかし、）自己の身体を断滅することが『安楽』である、と諸々の聖者は見る。（正しく）見る人々のこの（考え）は、一切の世間の人々と正反対である。[146]」「物質的な形態があるが故に人々が害（そこな）われるのを見るし、物質的な形態があるが故に怠惰な人々は悩まされる。ピンギヤよ。それ故に、汝は怠ることなく、物質的な形態を捨てて、再び生存状態にもどらないようにせよ。[147]」これは、臨死体験の中で紹介した感覚遮断実験を想起させます。

仏教における解脱（mokṣa、vimokṣa）とは、煩悩によるくびきから解き放たれて、すべての執着から離れることです。また、解脱した状態を涅槃（nirbāna、ニルヴァーナ）と呼びます。涅槃とは、元来は「吹き消すこと」という意味ですが、仏教では、解脱し煩悩の火を吹き消した状態、心の安らぎが得られた状態といった意味になります。本書の立場から見れば、解脱とは、身体から解放されて、全体意識そのものになることであり、涅槃とは全体意識となった状態、その境地ということではないかと思われます。

釈迦は、苦からの解放を求めて修業を行った末に悟りをひらきました。本書の視点から見れば、悟りとは、自らが全体意識であることを理解することであるように思われます。そして、仏教とは、身体に縛られた人間が、生きながらにして、自らが全体意識であることを理解するための方法論を教えるものではないかと思われるのです。

◇ ホログラフィー宇宙モデル

先に指摘したように、量子力学の研究者たちは、ノイマン・ウィグナー理論を拒絶しましたが、量子の不可思議な性質について十分に納得したわけではありません。とりわけ、量子の存在に関して確率の考え方を受け入れたことにより、研究者にとって、実在はいかにも不確かなものと思われました。これは必然的に彼らを、実在についての哲学的な探求へと導いていきました。ハイゼンベルク、パウリ、ボーア、シュレーディンガーなどが、物質と精神の関係に関する文章を発表しています[148]。

こうした中、デヴィッド・ボーム（一九一七—一九九二）の提唱する宇宙モデルは、臨死体験の世界と共通する世界観が示されており、興味をそそります。

ボームは、量子論および相対論の提示する法則から実在を考えようとすると、深刻な矛盾と混乱に行きあたらざるをえないが、これは、従来の手法が世界を諸部分に分断して分析するからであって、宇宙は分割できない全体であるということを前提として考えなければならないと主張します。そして、分析のない宇宙の秩序をあらわすモデルとして、ホログラフィー宇宙モデルを提唱しました[149]。

一万円札の表面には、左下にきらきら光る小さな楕円形がありますが、見る角度によって、一〇、〇〇〇の数字が浮かび上がったり、桜の花びらになったり、日本銀行のマークがあらわれたりします。これがホログラムです。ホログラムとは、三次元の物体の像を平面状の記録媒体に記録したもので、ホログラムを作る技術をホログラフィーと言います。ホログラムに一定の光を当ててやれば、空間上に三次元像を再現することができます。

ボームは、宇宙は二重構造になっており、私たちが知る物質的な宇宙（explicate order、明在系、顕前秩序）の背後に、もう一つの目に見えない宇宙（implicate order、暗在系、内蔵秩序）が存在すると考えました。暗在系には明在系のすべての物質、精神、時間、空間などが、ホログラムのように全体としてたたみ込まれています。ボームは、ホログラムにレーザー光線をあてると立体像が浮かび上がってくるように、この物質世界（明在系）とは、たたみ込まれている暗在系がひらき出されたものであると考えました。そして彼は、従来の物理法則は主として明在系について述べられたものであるとしました。

ボームの暗在系（内臓秩序）は、臨死体験者の見たあの世とたいへんよく似ています[150]。ボームの著作には、臨死体験から着想を得た痕跡は見られませんが、全体秩序という観点から物理事象を分析しようとして、臨死体験者の見た世界に近づいていったものと思われます。いずれにしましても、全体（秩序）から物理法則を考え直す視点は、これからの物理学にとってたいへん重要な視点であると思われます。

◇ 集合的無意識

次に、精神分析学の分野で、とくに本書の主張と関連性があると思われるユング（一八七五−一九六一）の集合的無意識（collective unconscious）を取り上げたいと思います。

ユングは、心の構造を意識、個人的無意識、集合的無意識の三層からなると考えました。集合的無意識とは、心全体の中で、個人的体験に由来するのではないという否定の形で、個人的無意識から区別されうる部分のことです。ユングは、「個人的無意識が、一度は意識されながら、忘れられたり抑圧されたために意識から消え去った内容から成り立っているのに対して、集合的無意識の内容は一度も意識されたことがなく、それゆえ決して個人的に獲得されたものではなく、もっぱら遺伝によって存在している。」と述べています[151]。フロイトが無意識をもっぱら個人的問題と考え、無意識を個人の抑圧された部分の集積場所と考えたのに対して、ユングは、無意識を一層広大な世界として捉えました。

また、ユングは、集合的無意識が元型（archetypus）によって構成されていると考えます。ユングは、洋の東西を問わず人類の心の奥深くには、太古から存在している普遍的なイメージがあると考え、それを元型と呼びました[152]。たとえば、母元型は、慈悲深いもの、支えるもの、成長と豊穣と植物を与えるもの、不思議な変容や再生の場、暗闇、恐れをかきたて逃れられないものなどの特性を有します。また、精神（Geist）元型は、おとぎ話の中では老人として現れることが多く、知識、洞察、熟慮、叡智、懸命、直観、親切、援助などの性格を有します[153]。このようにユングは、心の動きには、人類共通のパターンが存在すると考えました。

さて、本書の立場からすると、ユングの集合的無意識はどのように理解されるべきでしょうか。これまでの個人の体験、人類の体験、宇宙の体験は、すべて全体意識の中に記憶として蓄えられています。その中で、個人としての私たちは、私たちが世界を認識する際に必要な記憶だけを呼び出します。それゆえ、本書でいう「記憶」とは、精神分析学における「無意識」と言い換えてもよいものです。そして、この記憶（無意識）は、ユングの指摘するように、個人的無意識のほかに集合的無意識も含まれています。もっとも、本書の立場では、集合的無意識は、人類を超えて、全世界の記憶（無意識）の総体と考えられます。

なお、個人としての私たちは、世界を認識する場合または一定の判断をする場合、個人の過去体験と全存在の過去体験とを参照しています。この場合の記憶は具体的な出来事の記憶ではなく、たとえば山を認識するときに、これまでの山に関する記憶、感情などを集約したものです。ですから、これは「知恵」と言ってもよいものです。私たちは、個人的無意識、集合的無意識を、個人として活動するために必要な範囲で、「全体意識の知恵」として参照していると考えられます。

◇　歴史とは

右の点に関連して、「歴史」の意義について付け加えておきたいと思います。本書の立場からすれば、個人や人類、地球、宇宙などの記憶はすべて全体意識の中に蓄えられます。私たちは、これらの記憶について、自分自身の過去体験を具体的な事実として思い出す以外は、基本的には、現在の状況に対応するために必要な範囲で、全体意識の「知恵」として参照しています。この点から見ると、本書における全体意識の記憶は、とくに歴史と呼ぶ必要がないものです。

そうしますと、今日、私たちが用いている歴史とはいったい何でしょうか。先に指摘したとおり、時間とは、個人の身体によって作り出されるものです。全体意識には時間の観念はありません。まず、歴史は、人間の有する直線的な時間についての観念を前提として作られています。その上で、歴史は、特定の人物や出来事などに着目して、目に見えたストーリーとして示されるものです。このストーリーは、過去の記憶そのものではなく、一定の目的のために、私たちによって再構成されたものです。ですから、着目する視点に応じて、人類の歴史、国家の歴史、地球の歴史、会社の歴史、個人の歴史など様々な歴史が作られます。歴史が作られる目的としては、現在の国家の正当性を主張する、地球の成り立ちを他の者に説明する、会社への忠誠心を高める、自分の生きた証を確認するなど、様々なことが考えられます。いずれにしましても、今日いうところの歴史は、私たちが何らかの目的のために作り上げたストーリーであり、新たな創造物と言ってよいものです。

しかし、元来、全世界の過去体験は全体意識の中に蓄えられているので、私たちは、あえて歴史というストーリーを作らなくても、全体意識から必要な知恵を得ることができます。ですから、私たちは過去体験から知恵を得るために、とくに歴史から学ぶ必要はありません。

このような主張をすると、太平洋戦争や東日本大震災などの記憶は、必ず具体的な形で後世まで伝えられなければならないから、やはり歴史は必要だという反論があると思います。この点はどのように考えるべきでしょうか。

戦争によって悲惨な結果がもたらされたならば、当然に、その帰結は人類の記憶として全体意識の中に蓄えられます。そして、全体意識は、そのような悲劇が二度と起こらないようにする知恵を同時に私たちに与えてくれます。私たちはその知恵に従って行動すべきなのです。しかし、問題は私たちが必ずしもその知恵に従って行動していないということです。たとえば、広島・長崎に原爆が投下されたことが人類にいかなる結末をもたらしたかということが記憶されたならば、私たちが核の廃絶に向けて進まなければならないのは自明の理です。しかし、その後の米ソ冷戦の中で、その知恵はかき消され、核弾頭は大量に製造されていきました。

すなわち、歴史が必要なのは、なぜ私たちは知恵の指し示す方向とは異なった方向に向かったのかを、後々検証するためなのではないかと思います。私たちは、何が正しいかは教えられなくてもはじめから知っています。しかし、私たちは、別の正当化理由をでっちあげて、元来与えられている知恵とは異なった判断をしてしまいます。こうした人類の過ちを検証するために、歴史は必要なのではないかと思われるのです。

◇インターネット

二〇二〇年のはじめ、中国武漢で発生した新型ウイルスは世界を席巻し、WHOによると、二〇二一年五月二九日の時点で、世界中の累積感染者数は一億六九一二万人、死者数は三五二万人に達しました。二〇二〇年七月に開催が予定されていた東京オリンピック・パラリンピックも延期となりました。この影響は大学にもおよび、二〇二〇年四月からの授業はすべてオンラインによる遠隔授業となりました。私の授業もZoomによるオンラインの授業となりましたが、当初は、そんなことが可能なのかと半信半疑でした。しかし、いざ始まってみますと、多少のトラブルはあったとはいえ、思っていた以上にスムーズに授業は進みました。これを可能としたのは、パーソナル・コンピュータとインターネットの普及であったことは言うまでもありません。

臨死体験者たちは、全体意識について、「織り込まれた統合体」、「すべてがつながりをもった広大な知的ネットワーク」などと表現しています。後者の点に着目すれば、インターネットによって実現した世界的なネットワーク環境は、この世界がそうした状況に近づきつつあるのではないかと予感させてくれます。

インターネットの革新性は、全世界の様々な情報を入手できること以上に、私たちが個人として全世界に向けて発信することができる点にあります。私たちは、ウェブサイト、ソーシャル・ネットワーキング・サービス、動画共有サービスなどを通して、自分が表現したい情報を世界に向けて発信することができるようになりました。この点が、それまでの情報通信技術とは根本的に異なる点だと思います。

ところで、パーソナル・コンピュータの発展には、六〇年代のカウンターカルチャーの影響があることが指摘されています[154]。とくに、インターネットの発展とヒッピー文化との関連性についての興味深い見解があります。ヒッピーの体制に反抗する姿勢、コミューンや自由主義的な考え方が、管理者を置かないインターネットコミュニティの哲学的基礎を与えることになったというものです。ヒッピーとは、一九六〇年代後半に、今までの伝統や制度に真っ向から反発し、既成概念を壊していこうとした人々です。こうした人々がカリフォルニアのサンフランシスコ付近に集まって、「自由に生きること」を信条とし、長髪でエスニックな衣装を身に着け、瞑想や音楽、ドラック中心の生活を送ります。背景には、べトナム戦争の拡大や人種問題の激化がありましたので、ヒッピーたちは反戦デモ、徴兵拒否などの政治的活動を行いました。

一九七〇年代、コンピュータ技術はアメリカ東海岸が圧倒していました。ニューヨークに本社のあるＩＢＭやボストンのマサチューセッツ工科大学など、才能ある人材、資金は東海岸に集まっていました。しかし、インターネットに関する革新的な研究のほとんどはカリフォルニアで行われたのです。インターネットは、一九六九年一〇月に、カリフォルニア大学ロサンゼルス校やスタンフォード研究所などの四つの拠点を接続する形で運用が開始されたＡＲＰＡＮＥＴがその端緒と言われています[155]。

パーソナル・コンピュータの普及、そしてインターネットの中央の管理者を置かないシステムには、権威に抵抗するカウンターカルチャーの姿勢が反映されているというのはあながち間違いではないと思います。

そして、この思想は、本書で主張する全体意識のあり方と親和的であるように思えるのです。

◇ ブロックチェーン

二〇〇八年秋、インターネット上に、「サトシ・ナカモト」名で九頁の短い論文が発表されました[156]。「Bitcoin：A Peer-to-Peer Electronic Cash System」というタイトルの論文です。この論文は、仮想通貨（暗号資産）の誕生を告げるものでした。仮想通貨は、その後、ネットワーク上における電子的な決済手段として全世界に広まっていきました。

さて、私がここで注目したいのは、仮想通貨（暗号資産）そのものではなく、仮想通貨を支えているデジタル技術です。この技術はその後、「ブロックチェーン」と呼ばれるようになりました。

元来、通貨は、日本銀行券のように中央銀行や国家によって発行されるものです。また、通貨を基盤とする商取引は、金融機関を介することによって、高度の信用性が担保されています。仮想通貨は、こうした既存の通貨によらず、また、金融機関による信用・仲介を前提とせずに、個人間の取引によって高度の信用性を実現するものなのです。すなわち、中央集権的な権威に基づく「信用」ではなく、システム自体による「信用」を実現しようとするのです。

なぜそれが可能なのでしょうか。ビットコインでその構造を見ておきたいと思います。

仮想通貨の取引は暗号化されてブロックに収められていきます。暗号化することによって、取引は改ざんから保護されます。ビットコインの場合、公開鍵暗号方式がとられ、取引はコインの所有者が「秘密鍵」を用いて署名し、ほかの人は「公開鍵」により、秘密鍵を持った人がその署名を行ったこと、署名された後に本文が改ざんされていないことを確認できます。

そして、ひとつのブロックに四、二〇〇〇件の取引データが収納されたら、ブロックに封をします。その際、ブロックの中身が正しいことを参加者全員が合意した上で封をします。ビットコインではマイニングという方法でこれを行います。封ができたら、二番目のブロックを用意してチェーンでつなぎます。

また、ブロックチェーンは、分散型台帳技術（DLT）が用いられています。ブロックチェーンに記録された情報は、世界中のコンピュータに分散され、重複して記録されていきます。ビットコインでは、はじめのブロックからのすべての情報を保有しているパソコンをフルノードと言いますが、ここに行けば、すべての情報を持たない参加者もすべての情報にアクセスすることができます。

以上のようなシステムによって、一部のパソコンがコンピュータウイルスで破壊されても、他のパソコンが正常であれば、「ブロックチェーン」全体が停止することはありません。この点をとらえて、ブロックチェーンは「自律分散型システム」と言われています。

また、このシステムは、改ざんすることが困難です。ブロックチェーンは、ブロックが一本の糸のように時系列順に追加されていきます。そして、過去のデータを改ざんすると、後に続くブロックとつながらなくなる仕組みになっています。少し詳しく述べると、ブロックには一つ前のブロックの情報を含んだハッシュ値という英数字が格納されていて、前のブロックのデータが少しでも異なると、ハッシュ値はまったく異なる値となり、次のブロックにつながらないのです。これにより、事実上、改ざんができない仕組みになっています。

ブロックチェーンの技術は、プライベートな事がらには不向きです。しかし、誰にも公開してよい情報に関しては、参加者全員による監視と改ざん不可能性とによって、権威・権力によらない信用を生み出すことができます。ブロックチェーンの技術は、インターネットの開発によってもたらされた全世界的な規模における情報の共有化に、情報の信用性という価値を加える点において、注目に値するものだと思います。

◇国家・会社・学校など

現代社会は、国家、会社、学校などの組織体が大きな役割を果たしています。私たちは国籍を持つことによって自分の存在を証明し、会社の従業員となることによって収入を得、学校の生徒となることによって教育を受けることができます。さらに私たちは、組織に所属することによって、自分のやりがいを見出し、心の安定を得ています。私たちの生活にとって、会社や学校は極めて重要な地位を占め、組織は実体として間違いなく存在すると考えられるようになります。

しかし、第3部の冒頭で述べたように、私たちが組織体を実在であると誤解することによって、過労死や組織内でのいじめなどが引き起こされていますし、会社存続のために従業員を解雇することなども当然視されています。

本書の立場からすると、この世界は私たちが認識するとおりに存在していることは間違いありません。しかし、よく考えてみてください。国家や会社は、私たちの認識の中には、それ自体としては存在していないのです。国家や会社は、私たちが作り出したまさに観念の産物なのです[157]。組織は、私たちの生活を安全で豊かにするための手段に過ぎないものです。これによって、私たちが犠牲になることはあり得ません。組織が私たちを苦しめるのは、私たちが組織を客観的に実在するものと信じ込んでしまっているからです。私たちは自分で勝手にモンスターを作り上げて、それに押しつぶされているのです。組織とは、それに関わる者たちの約束ごとの総体と考えるべきものです。約束ごとは、私たちにとって必要な限りで意味があるのです。

◇ 優越感・劣等感

人間関係における優越感や劣等感という感情も、社会や組織体が客観的に実在するという誤解から生じる特殊な感情です。先述したとおり、一定の認識には一定の感情が伴われています。社会や組織体が客観的に実在するという認識には、その組織体が有している権威に依存したい、依存することによって心の平安を得たいという感情が伴っています。そして、この感情は、組織間の序列または組織内における序列に価値を認めるという心情と結びつき、その組織体の中で一定の地位につくことに喜びを感じ、その地位が他人に奪われた場合に、嫉妬を感じるようになります。これが、優越感や劣等感という感情です。

私たちは、各人の社会的身分、能力、収入、容姿などによって、個人を序列化する意識を知らず知らずのうちに育てています。私たちは、優越感に浸り、劣等感にさいなまれ、この感情に由来するネガティブな他人の対応に日常的に悩まされています。

しかし、私たち自身がこの世界を創造しているのです。私たちが認識するとおりにしか世界は存在していません。自分が認識する世界の中で、他の者が自分より上だとか下だとかということはまったく意味をなしません。このシンプルな事実を私たちは受け入れるべきなのです。

◇ 村社会

また、組織体の問題を考える場合、わが国では、次の点も加味されているように思います。前章で私は、里山を例に、全体意識が人間を創造した理由について説明しました。ところで、里山を維持するためには、土の入れ替え、畔の整備、水路の整備、田起こし、田植え、草取り、稲刈り、林の維持など、村民全体で対応する作業が必要です。美しい光景の裏には、日常的な努力が求められます。そして、構成員の一部がこれに参加しないということになれば、里山を支えている秩序が成り立ちませんから、ここには独特なルールが作られます。こうした状況は一般に、「村社会」と呼ばれています。

この影響を受けて、わが国では、どのような組織にも多かれ少なかれ「村社会」的状況があります。その特徴としては、①自分の所属する集団のみで通用する特有の掟やしきたりがあり、これに従って問題を解決しようとすること、②その集団で実施される行事などに絶対的な価値を認め、構成員の参加が強制されること、③上下関係が重んじられ、下の者が新しい提案をすることが難しいこと、④優れた者を妬み、ひがみなどから排斥し、劣った者に対しては、陰湿にいじめる傾向があること、などが挙げられます。

これは稲作を中心として発展してきた日本人の性格特性のひとつと言えるかもしれません。村社会では、自分の意に反して、集団のルールに従わなければなりません。これに同調することは、私たちの自由に反するので、これはこれで苦痛をもたらします。自由な存在であったはずの私たちは、がんじがらめの社会の中で生きていくことになるのです。

◇居場所

学校でいじめられたり、会社でハラスメントを受けたりすると、その集団に自分の居場所がなく、絶望的な気持ちになります。人間は、元来、人との関わりの中で生きている生き物ですから、人とのつながりがないと感じたときに、自分自身の存在意義を感じることができず不安になります。

しかし、組織体はこの世界に客観的に存在するものではなく、私たちはその中の弱々しい存在である個人でもありません。私たちは元来、全体意識です。組織体を実在と考えるのは、私たちが作り出した妄想に過ぎません。臨死体験者は、あちらの世界（全体意識）において、「無条件の愛」「絶対的な受容」を経験します。私たちは元来、全体意識ですから、孤独でも無力でもないのです。

現代人は、この点を誤解し、自分を個人としてのみとらえ、また、組織体を実在として捉えて行動していますので、そうした人間関係の中で生きている私たちは、否応なく自分の無力さを感じさせられ、孤立した気持ちにさせられます。私たちは、現代社会の中で生きる限り、他の者から、モノ扱いされるような対応を常に受けています。

しかし、先に述べたように、私たちにふりかかる苦労や試練は、私たちの人生を感動的なものとするための道具立てだと思います。私たちは、この試練を乗り越えることによって、私たちの人生を価値あるものと感じることができるのです。こうした社会の状況は、私たちがこれを打ち破り、未来を切り開いていくためにあえてしつらえられたステージと考えるべきです。この試練はときに悲劇的な結末を迎えます。ソクラテスやキリストの運命がその好例です。しかしながら、同時に、彼らの生き様ほどドラマチックで、多くの人たちに影響を及ぼした生き方はほかにありません。

釈迦は、『ダンマパダ（真理の言葉）』の中で次のように述べています。「怨みをいだいている人々のあいだにあって怨むこと無く、われらは大いに楽しく生きよう。怨みをもっている人々のあいだにあって怨むこと無く、われらは暮らしていこう。悩める人々のあいだにあって、悩み無く、大いに楽しく生きよう。悩む人々のあいだにあって、悩み無く暮らそう。[158]」

◇　おそれ

私たちは様々なことを恐れています。失敗することをおそれ、人から非難されることをおそれ、仕事を失うことをおそれ、病気になることをおそれ、死ぬことをおそれています。

アニータ・ムアジャーニは、自分に関するすべてのことをおそれ、自分が癌にならないかおそれ、癌になった後は治療法をおそれ、末期癌の恐怖心の中で、へとへとに疲れ果て、昏睡状態に陥りました。そして臨死体験をしました。彼女は、向こう側の世界で、おそれで歪んでいない自分を見出し、自分の偉大なるパワーに気付くことになります。「そのような拡大した意識の状態で、私は、いかに自分自身につらくあたり、批判ばかりしていたかを理解しました。そこでは、私を罰する人は誰もいませんでした。私が許さなかったのは他人ではなく、自分だったのだと、やっとわかりました。私を非難したのも、私が見捨てたのも、私が十分愛さなかったのも私自身だったのです。ほかの誰でもありませんでした。私はその時、宇宙の美しい子どもとして自分のことを見ていました。私は存在するだけで、無条件の愛を受ける価値があったのです。[159]」

アニータは臨死体験によって、自分にはおそれるものがないことを理解し、末期癌も完治しました。なぜ、彼女は変わったのでしょうか。これは、彼女が何かを行ったからではありません。彼女は単に身体から離れたのです。これによって、彼女は、自分が身体的存在ではないことを理解し、自分が全体（意識）であることを理解したのです。

身体から離れ、本当の自分を理解すれば、私たちはおそれから解放されるのです。なぜならば、おそれは、全体の中に個人を位置付けるところから生じるからです。私たち自身が全体ならば、何をおそれる必要があるでしょうか。

私も実際のところ、まったくおそれのない世界を明確に理解できるわけではありません。しかし、想像することはできます。私たちが想像する楽園の世界では、人々はまったく恐れなどを感じることなく生活しています。私たちが妄想するヒーロー、ヒロインたちは、おそれとは無縁であり、勇敢にまた自由に行動しています。楽園の世界の人々や空想のヒーローたちは、すなわち身体のない私です。おそれを感じない世界はそういった世界です。たぶん。

◇ 個　性

個性については、少々視点を変えて、次のように考えるべきものと思います。全体意識が「Aさん」という名の付いた窓から外を見ると、「Aさん」の景色が眺められます（Aさんの特殊状況が現出します）。また、全体意識が「Bさん」という名の付いた窓から外を見ると、「Bさん」の景色が眺められます（Bさんの特殊状況が現出します）。ただ、それだけのことです。Aさん、Bさんの身体に入った段階で、全体意識はAさんという人格、Bさんという人格を身にまとうのです。

元来、Aさん、Bさんは、単に、窓に付けられた名前に過ぎません[160]。私たちは、私たちの身体から世界を眺めているので、個人の名前が付されるのです。全体意識としての私は、これまで経験した知恵の集合体ですから、全体意識それ自体には個性はありません。だから、全体意識は、各個人の身体に入り込んだ時に、その特殊状況に直面し、各個人の個性が付着するのです。個性とは、個人としての私の置かれた特殊・独特な状況に対して付される名称です。

人権論において「個性の尊重」ということが言われることがありますが、これはいまだ身体的存在が「私」であるという考えに囚われています。なぜなら、個性という概念は、他者との比較の中で意味を持つ言葉だからです。他の者との違いに意義があるわけではなく、個人が直面する特殊な状況に対して、それぞれの個人が自由に活動することが尊重されるべきなのです。私たちにとっては、個人が直面する特殊な状況に対して、何をなすべきかということだけが問題なのです。私たちに個性があることは間違いありませんが、個性を重視しようと考えると、私たちが全体であるということが見失われてしまいます。

◇ 人生の意義

「人はなぜ生きるのか」ということは、誰しも一度は考えたことがあると思います。しかし、人生の目的を設定するということは、必然的に、それを実現するための手段を要求するということに注意しなければなりません。この問題設定は、目的・手段思考すなわち近代のイデオロギーを前提とした問題提起です。全体意識である私たち（または私たちの人生）は、他の者または何ごとかの手段であることはありえません。私たち自身が目的です。私たち自身が目的であるとは、すなわち、私たちが自由に生きることそれ自体が私たちの目的なのです。私たちは全体意識そのものですから、全体意識がいまだかつて経験したことのない状況において、全体意識が提供する知恵を参照しながら、その状況に立ち向かっていくこと（人生を楽しむこと、何をすべきかを考えていくこと）それ自体が人生の目的だと考えられます。

なお、自由に活動する中で、人生の目的が見えてくることはあります。なぜなら、自由意思に基づいて行動すれば、おのずと人生の道筋が作られ、これから進むべき道も見えてくるからです。それがその人の人生の意義を示すことはあります。しかし、これは全体意識が個人に示した使命・目的とは考えられません。全体意識はあくまで私たちに自由を与えているのです。

◇自由とは遊ぶこと

自由とはそれ自体が目的ですから、目的を設定しないことです。ということは、自由とは「遊ぶこと」と言ってもよいでしょう。

日本語の「あそび」の語源については、定説と言えるものはありません。古代、天皇の葬礼に際して、神事を行う職を遊部（あそびべ）と称したことから、「あそび」は、祭礼と関係することが指摘されています。

漢字の「遊」は、「辵」と「斿」によって構成され、「辵」は「道を行くこと」を、「斿」は「旗がゆらゆら揺れている様子」を意味します。古代漢字研究の第一人者である白川静（しらかわ・しずか）は、旗は氏族の標識であり、氏族の者たちが出行する際に旗を掲げて行動するのは、その氏族神とともに行動することであり、遊とは神の出行であるという解釈を示しています[161]。

白川は「遊」という字をもっとも好み、故郷福井市にある記念碑にもこの漢字が刻まれたほどです。その碑にいわく、「遊ぶものは神である。神のみが、遊ぶことができた。遊は絶対の自由と、ゆたかな創造の世界である。それは神の世界に外ならない。この神の世界にかかわるとき、人もともに遊ぶことができた[162]。」

遊びは本来、神遊びです。なお、プラトンは、『法律』の中で、人間は神の玩具として作られたものであり、男も女もその役割に従って、できるだけ見事に遊び（歌や踊り）を楽しみながら、その生涯を送らなければならないと述べています[163]。

ちなみに、北海道の屋根といわれる大雪山連峰は、アイヌ語で、カムイミンタラすなわち神の庭、神遊びの庭と呼ばれています。とくに主峰旭岳（二、二九一メートル）の周囲は、高山植物が咲き乱れる天上の楽園であり、中腹に広がる裾合平（すそあいだいら）は、夏には見渡す限り白いチングルマの大群生となり、日本最大のお花畑と言われています。まさに神遊びの庭にふさわしい絶景です。なお、カムイミンタラの本来の意味は、どうも、「ヒグマの生息地」という理解が正しいようです。

◇自発性

第1部において、エーリッヒ・フロムの『自由からの逃走』を取り上げました。そこでは、近代社会が、人々に独立と自由を与える一方で、耐え難い孤独感と無力感とをもたらし、人々は結局、権威に従属する人格特性を有するにいたったことが指摘されています。

上の論理からすれば、自由の獲得によって、私たちは必ず新しい依存に導かれることになりますが、フロムはこれを否定し、悪循環に陥らない積極的な自由の一側面として、「自発性」の重要性を説いています。彼は自発性を次のように説明します。「われわれの大部分は、少なくともある瞬間には、われわれ自身の自発性をみとめることができる。それは同時に純粋な幸福の瞬間である。一つの風景を、新鮮に自発的に知覚するとき、ものを考えているうちにある真理がひらめいてくるとき、型にはまらないある感覚的な快楽を感じるとき、また他人にたいして愛情が湧きでるとき、―このような瞬間に、われわれはみな、自発的な活動とはどのようなものであるかを知るであろう[164]。」

フロムは、自発性が示されている例として、小さな子どもの様子を挙げ、彼らが話したり考えたりすることのうちに、また彼らの顔に表現される感情のうちにそれは認められ、多くの人々を引き付ける子どもの魅力とは、その自発性にあるとしています。

私は、自発的行為とは、上に見た「遊ぶこと」とほぼ同義ではないかと考えます。自発的に遊ぶことが真の自由なのだと思います。

◇他の者の自由

「あなたのためだから」、「会社のためだ」、「お国のために」「民主主義を守るために」などの発言には注意が必要です。個人として私たちの最大の価値は自由にあります。私たちは、何ごとかを実現するための手段ではありません。私たちは、自由な状態に置かれるということが「私のため」なのです。私のために、別の何かが強制されることはありえません。「あなたのためだから」というのは、単に発言者の観点から見た価値観であり、結局、このような言葉を発する者にとって、「あなたがこのように行動することが私のためである」ということの表明にすぎません。

自由とは、自分が全体意識であることを理解し、全体意識の知恵を参照して、自らの行動を決定していくことですから、自由とは、他の誰の命令にも服さないということです（正確に言えば、命令に従うか否かも自由な意思に委ねられるということです）。当然、他の人たちも自由な主体ですから、個人としての私の命令には服しません。

人間関係の中で、私たちは、他の人たちに直接命令しなくても、無意識的に、他の人たちにある行動を期待してしまうものですが、他の人たちも自由なのですから、期待通りになるかどうかはその人本人の問題です。そして、他の人たちも、その自由を尊重されるべき存在です。

現代人は、他人を支配することに快感を覚えるようになってしまっています。これは、社会が客観的に存在するものであるという誤解を前提として、自分を個人としてのみ理解し、自分が社会の中で重要な地位を占めることに価値を見出そうとするからです。

ところで、古の日本を愛したラフカディオ・ハーン（小泉八雲）（一八五〇-一九〇四）の作品の中に、「門付け（かどづけ）」という小品があります。ハーンの家にやってきた顔に天然痘の痕が残る盲目の女が、集まってきた近所の人々の前で、三味線の音にあわせて歌いだしたとき、そのしみじみと美しい声によって、聴いている人々の涙を誘い、ハーンに深い感動を与える話です。「それにしても、わたしにとうていわからないこの東洋の歌が―しかも、盲目の下層の一人の女がうたったこのありふれた歌が、異邦人であるわたしの心に、これほど深い感動を呼びおこすのは、何故であろうか。おそらく、この歌い手の声のなかに、一民族の経験の総体よりもさらに大きな何ものかに―人類の生命のようにひろい、また善悪の知識のように古い何ものかに、うったえることのできる力があったのであろう。[165]」

外国人が美しいと称賛する日本語に、「琴線にふれる」という言葉があります。琴線にふれるとは、他の者の行為などが自分の心の奥にある心情と共鳴することを述べたものです。他の者の真に自由な行為は、全体意識の中にある記憶を呼び覚まし、私たちの心情と共鳴します。私たちは、元来、他の人たちが自発的に自由にふるまうとき、私たち自身も自由を感じることができるのです。すなわち、他の人たちの自由は、私たちにとっての自由でもあるのです。

第7章　私たちが理解すべきただひとつのこと

第3部の冒頭で述べたように、現代人は、世界と私とに関して大きな誤解をしています。それは、この世界が私の認識を離れて客観的に存在しているという誤解であり、また、私が身体的存在であるという誤解です。

私たちが正しく了解すべきことは、私が世界を認識するということがすなわち世界が存在するということであり、私とは、世界全体を認識・存在させている主体であるということです。私たちは、客観的に存在している世界を私たちの五官の作用によって認識していると誤解していますが、実は、私たちが認識するということ自体がこの世界を創り出しているのです。私たちが世界を認識することと世界が存在することとは同じことなのです。これは、私たちが尊厳であることの究極の理由でもあります。

そして、以上の観点を突き詰めていくと、結局私たちは、それぞれが別個の存在ではなく、元来、ひとつの全体意識（全存在）であり、すべてがつながりをもった広大な知的ネットワークだということが分かります。私たちが理解すべきただひとつのこととは、私たち自身がこの世界を創造している全体意識であり、全存在であるということです。

そうした上で、私たちは現在、身体に結び付けられた個人として存在しています。これは、全体意識が、世界を認識する視座を身体に固定し、自らに一定の制限をかけた状態です。なぜこのような状況が作られているのかといえば、全体意識としての私が、これまで認識したことのない特定の視座から自分自身を見直すとともに、自らが作り出した世界の中で、個人としての私たちを自由に活動させることによって、この世界を発展させようとしているのです。私たちは、個の総体として全体があるものと誤解していますが、元来、私たちは全体であり、個は全体を再認識するために作り出されたものです。私たちは、全体性と個体性とを併せ持っているので、全体にも個にもなれます。私たちは、自分が全体意識であることを忘れていますが、現在でも私たちは全体なのです。個人としての私たちは、いずれ身体を離れるときが来れば、全体意識の働きを抑制・制限されていた状態から解放されますから、自らが全体であることを知ることになります[166]。

現在、私たちの眺めている世界は、全体意識のこれまでの創造の到達点です。この世界は、私たちが暮らす場所として最適に作られています。ですから、私たちは、この世界の中で、自由に遊べばよいのです。そして、私たちが真に自由であるためには、現代人の有している強固な偏見から解放されて、本書で述べた世界のあり方を正しく理解することが必要だと思います。

［注］

1　カール・マルクス（城塚登訳）『ユダヤ人問題によせて・ヘーゲル法哲学批判序説』（岩波文庫、一九七四年）四一頁以下。

2　ナショナリズムの定義・理論については、アントニー・D・スミス（庄司信訳）『ナショナリズムとは何か』（筑摩書房、二〇一八年）参照。また、ナショナリズムの歴史については、E・J・ホブズボーム（浜林正夫ほか訳）『ナショナリズムの歴史と現在』（大月書店、二〇〇一年）参照。

3　原田正文監修『友だちをいじめる子どもの心がわかる本』（講談社、二〇〇八年）一〇頁以下。

4　内藤朝雄『いじめの構造―なぜ人が怪物になるのか』（講談社現代新書、二〇〇九年）七七頁。

5　スタンフォード監獄実験については、https://www.prisonexp.org, last visited May 31, 2021.

6　内藤・前掲注（4）一六四頁以下。

7　保坂直達『資本主義とは何か―二一世紀への経済地図』（桜井書店、二〇一二年）三一頁以下。

8　マックス・ウェーバー（阿閉吉男＝脇圭平訳）『官僚制』（恒星社厚生閣、一九八七年）、同（濱嶋朗訳）『権力と支配』（講談社学術文庫、二〇一二年）、同（世良晃志郎訳）『支配の社会学Ⅰ、Ⅱ』（創文社、一九六〇年）、同（世良晃志郎訳）『支配の諸類型』（創文社、一九七〇年）参照。

9　ロバート・K・マートン（森東吾ほか訳）『社会理論と社会構造』（みすず書房、一九六一年）一八一頁以下参照。

10　同一八六頁。

11　エーリッヒ・フロム（日高六郎訳）『自由からの逃走』（東京創元社、一九五一年）一五三頁以下。

12　T・W・アドルノ（田中義久ほか訳）『権威主義的パーソナリティ』現代社会学大系第一二巻（青木書店、一九八〇年）三八九頁以下、四五五頁以下、四九三頁以下参照。

13　高柳信一は、「この世に生を享けたすべての人間が、そのすべての精神的物理的資質を全面的に展開することがかけがえのない価値であるということは、広く普遍人類的要求として前提しうるところではないかと思われる。」と述べている（「近代国家における基本的人権」東京大学社会科学研究所編『基本的人権1　総論』〔東京大学出版会、一九六八年〕一〇頁）。

14　内田貴『民法Ⅰ〔第四版〕総則・物権総論』（東京大学出版会、二〇〇八年）三六七頁以下。

15　広中俊雄は次のように指摘する。「近代社会においては、権利を成立させる社会規範はすべて国家権力によるサンクションを伴うものとなるに至っており、ここでは、権利は、ある行動様式に他人が従うことによって直接に一定の利益を享受することができ当該他人がそれに従わない場合に自己（＝権利者）対当該他人（＝義務者）の関係における法的サンクションの発動（民事裁判による権利の承認および強制執行）を要求することができる地位、として現れる。しかし、権利の核心は、法的サンクションの発動を要求しうることの中にあるのではなく、権利者がその享受しうる利益を義務者に対して直接に要求しうることの中にある。」（広中俊雄「権利の確保・実現」『岩波講座現代法8』（岩波書店、一九六六年）三四三頁。

16　ドイツ基本法における人格の自由な発展の権利については、田口精一『基本権の理論』（信山社、一九九六年）七七頁以下参照。

17　人権の私人間効力については、芦部信喜「私人間における人権の保障」同編『憲法Ⅱ　人権（1）』（有斐閣、一九七八年）三九頁以下、木下智史『人権総論の再検討―私人間における人権保障と裁判所』（日本評論社、二〇〇七年）、三並敏克『私人間における人権保障の理論』（法律文化社、二〇〇五年）、君塚正臣『憲法の私人間効力論』（悠々社、二〇〇八年）参照。

18　カント（篠田英雄訳）『道徳形而上学原論』（岩波文庫、一九六〇年）一〇三頁参照。

19　いじめの定義に関しては、中富公一『自信をもっていじめにNOというための本』（日本評論社、二〇一五年）参照。

20　未決拘禁者の新聞閲読の自由について、最高裁判所は、「これらの意見、知識、情報の伝達の媒体である新聞紙、図書等の閲読の自由が憲法上保障されるべきことは、思想及び良心の自由の不可侵を定めた憲法一九条の規定や、表現の自由を保障した憲法二一条の規定の趣旨、目的から、いわばその派生原理として当然に導かれるところであり、また、すべて国民は個人として尊重される旨を定めた憲法一三条の規定の趣旨に沿うゆえんでもあると考えられる」と述べている（最大判昭和五八年六月二二日民集三七巻五号七九三頁）。写真撮影の自由についても、同様に、憲法第一九条、第二一条および第一三条がその根拠となると思われる。

21 佐藤幸治『現代国家と人権』（有斐閣、二〇〇八年）二五六頁以下。

22 木村和成「ドイツにおける人格権概念の形成（1）、（2）―人格権概念に仮託された意味・機能に着目して―」立命館法学二九四号（二〇〇四年）九四頁以下、同二九六号（二〇〇四年）一七五頁以下、斉藤博『人格権法の研究』（一粒社、一九七九年）参照。

23 芦部信喜［高橋和之補訂］『憲法［第五版］』（有斐閣、二〇一一年）一〇〇頁。

24 渋谷秀樹『憲法［第2版］』（有斐閣、二〇〇七年）一七〇頁以下。

25 人権擁護法案を考える市民の会編『危ない！人権擁護法案』（展転社、二〇〇六年）、別冊宝島編集部編『〝人権侵害救済法〟で人権がなくなる日』（宝島社、二〇一二年）、川岸令和「人権擁護法案をめぐる諸問題」齋藤純一編『講座人権論の再定位4　人権の実現』（法律文化社、二〇一一年）五〇頁以下参照。

26 高木八尺＝末延三次＝宮沢俊義編『人権宣言集』（岩波文庫、一九五七年）一〇八頁。

27 同一二八頁。

28 フランス人権宣言については、澤登文治『フランス人権宣言の精神』（成文堂、二〇〇七年）、ジャン・モランジュ（藤田久一ほか訳）『人権の誕生―フランス人権宣言を読む―』（有信堂高文社、一九九〇年）、辻村みよ子『人権の普遍性と歴史性―フランス人権宣言と現代憲法―』（創文社、一九九二年）参照。

29 社会権の歴史的生成過程については、内野正幸『社会権の歴史的展開―労働権を中心にして―』（信山社、一九九二年）参照。

30 芦部・前掲注（23）八二頁。

31　同八三頁。
32　なお、憲法第三八条一項の規定は、被疑者・被告人のほか、証人が証言をする際に、自分の犯罪について証言を拒絶する権利（刑事訴訟法第一四六条、一四七条）をも含み、より一般的に、自己負罪拒否の特権とも呼ばれる。
33　ホッブズ（水田洋訳）『リヴァイアサン（1）』（岩波文庫、一九九二年）二〇七頁以下。
34　同二一六頁、二二〇頁、二三一頁。
35　芦部・前掲注（23）一一八頁。
36　ジョン・ロック（加藤節訳）『完訳　統治二論』（岩波文庫、二〇一〇年）二九八頁。
37　同三〇〇頁。
38　ヨーゼフ・イーゼンゼー（栗城壽夫ほか編集代表）『保護義務としての基本権』（信山社、二〇〇三年）一二九頁以下、小山剛『基本権保護の法理』（成文堂、一九九八年）一頁以下参照。
39　平野龍一『刑法　総論Ⅰ』（有斐閣、一九七二年）六五頁。
40　石井三記『一八世紀フランスの法と正義』（名古屋大学出版会、一九九九年）二二二頁以下、小林善彦『ルソーとその時代』（大修館書店、一九七三年）一三三頁以下、保苅瑞穂『ヴォルテールの世紀―精神の自由への軌跡』（岩波書店、二〇〇九年）一九九頁以下。
41　沢登佳人「アドリアン・デュポール」福田雅章ほか編『刑事法学の総合的検討　福田平・大塚仁博士古稀祝賀上』（有斐閣、一九九三年）五四七頁以下。
42　澤登文治・前掲注（28）三五二頁以下。
43　GPS捜査をめぐる法律問題については、指宿信編『GPS捜査とプライバシー保護　位置情報取得捜査に対する規制を考える』（現代人文社、二〇一八年）参照。
44　ジェームス・C・ハサウェイ（佐藤安信＝山本哲史訳）『難民の権利』（日本評論社、二〇一四年）参照。
45　イェーリング（小林孝輔＝広沢民生訳）『権利のための闘争』（日本評論社、一九七八年）三七頁。

46　カント・前掲注（18）一〇三頁。
47　アサーションに関しては、平木典子『改訂版　アサーション・トレーニング―さわやかな〈自己表現〉のために―』（金子書房、二〇〇九年）、同監修『よくわかるアサーション　自分の気持ちの伝え方』（主婦の友社、二〇一二年）参照。
48　片山徒有『犯罪被害者支援は何をめざすのか　被害者から支援者、地域社会への架け橋』（現代人文社、二〇〇三年）参照。
49　孟子（小林勝人訳注）『孟子（上）』（岩波文庫、一九六八年）一三九頁。
50　伊波敏男『ハンセン病を生きて―きみたちに伝えたいこと』（岩波ジュニア新書、二〇〇七年）参照。
51　child の訳語としては、「子ども」と「児童」とがあるが、本書では特に区別せずに用いることとする。なお、子どもの権利条約では、child は一八歳未満の者とされている（第一条）。
52　成立の経緯については、森田明『未成年者保護法と現代社会―保護と自律のあいだ―』（有斐閣、一九九九年）九七頁以下参照。
53　藪本知二「子どもの権利条約の起草段階の研究―子どもの意見表明権の存在意義を中心に―」永井憲一編『子どもの権利条約の研究［補訂版］』（法政大学現代法研究所、一九九五年）一五三頁以下、石川稔「児童の意見表明権」石川稔＝森田明編『児童の権利条約―その内容・課題と対応』（一粒社、一九九五年）二三六頁以下参照。
54　成長発達権については、服部朗「成長発達権の生成」愛知学院大学論叢「法学研究」四四巻一・二号（二〇〇二年）一九八頁以下、本庄武「成長発達権の内実と少年法六一条における推知報道規制の射程」一橋法学一〇巻三号（二〇一一年）九九頁以下参照。
55　子どもの権利条約第四〇条の成立過程については、後藤弘子「少年司法条項の成立過程」石川稔＝森田明編『児童の権利条約―その内容・課題と対応』（一粒社、一九九五年）三三四頁以下参照。
56　サリー・J・クーパー（砂川真澄訳）『「ノー」をいえる子どもに―CAP／子どもが暴力から自分を守るための

教育プログラム』（童話館出版、一九九五年）、CAPセンター・JAPAN編『CAPへの招待―すべての子どもに「安心・自信・自由」の権利を』（解放出版社、二〇〇四年）参照。
57 ホセ・ヨンパルト『人間の尊厳と国家の権力』（成文堂、一九九〇年）五八頁以下参照。
58 なお、人間の尊厳と憲法第一三条の個人の尊重との関係については、玉蟲由樹『人間の尊厳保障の法理―人間の尊厳条項の規範的意義と動態』（尚学社、二〇一三年）三頁以下参照。
59 遠藤辰雄＝井上祥治＝蘭千壽編『セルフ・エスティームの心理学』（ナカニシヤ出版、一九九二年）参照。
60 ナサニエル・ブランデン（手塚郁恵訳）『自信を育てる心理学―セルフ・エスティーム入門』（春秋社、一九九二年）参照。
61 野崎志帆＝平沢安政「人権教育におけるセルフ・エスティーム概念とその位置づけ」大阪大学大学院人間科学研究科紀要第二七巻（二〇〇一年）一〇七頁以下。
62 八木英二ほか『いま人権を問う』（大月書店、一九九九年）七七頁以下。
63 遠藤＝井上＝蘭・前掲注（59）一六八頁以下。
64 森田ゆり『エンパワメントと人権』（解放出版社、一九九八年）、部落解放・人権研究所編『子どものエンパワメントと教育』（解放出版社、二〇〇〇年）参照。
65 パウロ・フレイレ（三砂ちづる訳）『被抑圧者の教育学　五〇周年記念版』（亜紀書房、二〇一八年）、ジョージ・J・アンドレオポーロス＝リチャード・ピエール・クロード編（黒沢惟昭監訳）『世界の人権教育―理論と実践』（明石書店、一九九九年）九六頁以下参照。
66 森田・前掲注（64）一五頁。
67 関根正雄訳『旧約聖書　創世記』（岩波文庫、一九五六年）一一頁。
68 アウグスティヌス（中澤宣夫訳）『三位一体論』（東京大学出版会、一九七五年）三九一頁、四〇五頁。
69 トマス・アクィナス（山田晶訳）『神学大全Ⅱ』（中央公論新社、二〇一四年）一五頁以下、トマス・アクィナス

（高田三郎訳）『神学大全Ⅰ［第一冊］』（創文社、一九六〇年）二一二頁以下参照。

70 稲垣良典「『神の像』再考―人間の尊厳の理論的基礎づけの試み―」三島淑臣ほか編『人間の尊厳と現代法理論―ホセ・ヨンパルト教授古稀祝賀―』（成文堂、二〇〇〇年）五三頁以下。

71 カント（白井成允＝小倉貞秀訳）『道徳哲学』（岩波文庫、一九五四年）一四二頁。

72 カント（波多野精一ほか訳）『実践理性批判』（岩波文庫、一九七九年）一八一頁。

73 芝健介『ホロコースト　ナチスによるユダヤ人大量殺戮の全貌』（中央公論新社、二〇〇八年）、グイド・クノップ（高木玲＝藤島淳一訳）『ホロコースト全証言―ナチ虐殺戦の全体像』（原書房、二〇〇四年）、ヴィクトール・E・フランクル（池田香代子訳）『夜と霧　新版』（みすず書房、二〇〇二年）など参照。

74 カント・前掲注（72）三一七頁。

75 カント・前掲注（18）一一七頁。

76 カント（白井成允＝小倉貞秀訳）『道徳哲学』（岩波文庫、一九五四年）一四二頁。

77 「わが内なる道徳法則」は、カントにインスピレーションを与えたと考えられるルソー（一七一二―一七七八）によって「良心」という言い方で一層分かりやすく示されている。「良心！良心！神聖な本能、亡びることなき天井の声、無知無能ではあるが知性を持つ自由な存在の確実な案内者、善悪の誤りなき判定者、人間を神と同じようなものにしてくれるもの、おんみこそ人間の本性をすぐれたものとし、その行動に道徳性を与えているのだ。」（ルソー［今野一雄訳］『エミール（中）』［岩波文庫、一九六三年］一七二頁）。

78 カント（高峯一愚訳）『自然の形而上学』カント全集・第一〇巻（理想社、一九六六年）一八六頁。

79 カント（原祐訳）『判断力批判』カント全集・第八巻（理想社、一九六五年）四二四頁。

80 人間の尊厳性については、西野基継『人間の尊厳と人間の生命』（成文堂、二〇一六年）、ホセ・ヨンパルト『法の世界と人間』（成文堂、二〇〇〇年）一三七頁以下、井上典之「いわゆる『人間の尊厳』について―その具体的規範内容と現代的課題についての概観―」阪大法学四三巻二・三号（一九九三年）六一七頁以下、田口精一「ボン基本法における人間の尊厳について」法学研究（慶応義塾大学）三三巻一二号（一九六〇年）一六七頁以下、青柳幸一『個人の尊重と人間の尊厳』（尚学社、一九九六年）五頁以下など参照。また、カントの人間の尊厳については、中村博雄「カントにおける『人間性の尊厳』の形而上学的展開」三島淑臣ほか編『人間の尊厳と現代法理論―ホセ・ヨンパルト教授古稀祝賀―』（成文堂、二〇〇〇年）二一一頁、同「人格的自律性の哲学的考察―カント研究からの形而上学的解明」法の理論二〇（成文堂、二〇〇〇年）一一一頁以下など参照。

81　本書では、「世界」という概念と「宇宙」という概念とを区別せずに、「外的に存在するものの総体」といった意味で用いる。同様に、「認識」「考え」「知性」などの言葉も区別をせずに、「外的世界が存在すると考えていること」という意味で用いることにする。

82　プラトン（藤沢令夫訳）『国家（下）』（岩波文庫、一九七九年）一一二頁。

83　デカルト（野田又夫訳）『方法序説・情念論』（中公文庫、一九七四年）四四頁。

84　同四三頁。

85　本章の内容については、加藤茂『ひとは自我の色眼鏡で世界を見る　認識の構造と限界』（勁草書房、一九九八年）、小谷津孝明＝星薫『認知心理学』（放送大学教育振興会、一九九二年）、箱田裕司ほか『認知心理学』（有斐閣、二〇一〇年）、U・ナイサー（古崎敬＝村瀬旻訳）『認知の構図　人間は現実をどのようにとらえるか』（サイエンス社、一九七八年）、深井了『認識と記憶の構造』（近代文芸社、二〇一五年）、苧阪直行『意識とは何か』（岩波書店、一九九七年）、下條信輔『〈意識〉とは何だろうか』（講談社現代新書、一九九九年）、野矢茂樹『哲学の謎』（講談社現代新書、一九九六年）、市川一寿＝吉岡亨『記憶とは何か―分子生物学的アプローチ』（丸善、一九九七年）、G・R・ロフタス＝E・F・ロフタス（大村彰道訳）『人間の記憶―認知心理学入門』（東京大学出版会、一九八〇年）、山鳥重『脳から見た心』（日本放送出版協会、一九八五年）、同『「わかる」とはどういうことか―認識の脳科学』（ちくま新書、二〇〇二年）など参照。

86　この点は、ルソーの『エミール』第四部の「サヴォア助任司祭の信条告白」の中で分かりやすく説明されている

（ルソー［今野一雄訳］『エミール（中）』［岩波文庫、一九六三年］一三二頁以下）。なお、沢登佳人『権力止揚論』（大成出版社、一九八一年）六七頁以下も参照。

87　パスカル（一六二四－一六六二）は言う。「私が私の尊厳を求めなければならないのは、空間からではなく、私の考えの規整からである。私は多くの土地を所有したところで、優ることにはならないだろう。空間によって、宇宙は私をつつみ、一つの点のようにのみこむ。考えることによって、私が宇宙をつつむ。」（パスカル［前田陽一ほか訳］『パンセ』世界の名著二九［中央公論社、一九七八年］二〇四頁）。

88　本章の内容については、朝永振一郎『量子力学的世界像』（弘文堂、一九六五年）、同『量子力学Ⅰ、Ⅱ［第二版］』（みすず書房、一九六九年、一九九七年）、デイヴィス（木口勝義訳）『宇宙の量子論』（地人書館、一九八五年）、デイヴィス・ブラウン編（出口修至訳）『量子と混沌』（地人書館、一九八七年）、グリビン（山崎和夫訳）『シュレーディンガーの猫（上）（下）』（地人書館、一九八九年）、グリビン（櫻山義夫訳）『シュレーディンガーの子猫たち　実在の探求』（シュプリンガー・フェアラーク東京、一九九八年）、町田茂『量子力学のふしぎな世界』（新日本出版社、二〇〇〇年）、F・A・ウルフ『量子の謎をとく』（講談社ブルーバックス、一九九〇年）、ウォレス（荒牧正也ほか訳）『量子論にパラドックスはない』（シュプリンガー・フェアラーク東京、一九九九年）、デヴィッド・リンドリー（松浦俊輔訳）『量子力学の奇妙なところが思ったほど奇妙でないわけ』（青土社、一九九七年）、ポーキングホーン（宮崎忠訳）『量子力学の考え方』（講談社ブルーバックス、一九八五年）、アインシュタイン＝インフェルト（石原純訳）『物理学はいかに創られたか（上）（下）』（岩波新書、一九六三年）、ロジャー・ペンローズ（中村和幸訳）『心は量子で語れるか』（講談社、一九九八年）、フレッドA・ウルフ（遠山峻征ほか訳）『もう一つの宇宙』（講談社ブルーバックス、一九九五年）、ダナー・ドーハー（中島健訳）『クォンタム・セルフ　意識の量子力学』（青土社、一九九一年）、和田純夫『量子力学が語る世界像』（講談社ブルーバックス、一九九四年）、福島肇『物理のABC』（講談社ブルーバックス、一九八五年）、治部眞里・保江邦夫『脳と心の量子論』（講談社ブルーバックス、一九九八年）、佐藤文隆『量子力学のイデオロギー』（青土社、一九九七年）など参照。

89　光の粒子を一個ずつ打ち出すということは可能なのか。この点を明らかにしたのはアインシュタインである。彼は、「光は波だがそれ以上分割できない最小のかたまりがある」と考え、これを光量子と呼んだ。彼は「光はプランク定数hと振動数vとをかけたエネルギーを持つ粒だ」と主張したのである。この点は後に実験によって確かめられ、アインシュタインはこの仮説よって一九二一年にノーベル物理学賞を受賞している（特殊相対性理論でノーベル賞を受賞したわけではない）。私たちが満天の星空を瞬時に眺めることができるのは、光が粒（光子）として眼を刺激するからである。人の網膜の表面積はたいへん狭いものであり、光がまったくの波であれば、網膜で受けとることのできるごくわずかな光のエネルギーを、刺激として脳に伝えるためには相当の時間がかかるはずである。しかし、私たちは満天の星を瞬時に眺めることができる。これは光が粒（光子）として眼に刺激を与えるからである。

90　電子の干渉縞をクリアーな形で実験によって明らかにしたのは、外村彰（とのむら・あきら）である。その原理については、外村彰『量子力学を見る—電子線ホログラフィーの挑戦』（岩波科学ライブラリ、一九九五年）参照。

91　朝永振一郎『量子力学Ⅱ』（みすず書房、一九六九年）二七一頁。

92　なお、小澤正直は、二〇〇三年に、もともとのハイゼンベルクの式に修正を加え、原理的な不確定性と測定による対象の擾乱とを区別した式を発表し、不確定な範囲をハイゼンベルクが想定したものよりも小さくできることを指摘した（小澤の不等式）。M. OZAWA. *Universally valid reformulation of the Heisenberg uncertainty principle on noise and disturbance in measurement*. Physical Review A. vol.67（2003）, 042105（1-6）.

93　ちなみに、一九九八年にわが国がハワイ島マウナケア山頂に建設したすばる望遠鏡は、主鏡の口径が八・二メートルという世界最大級の反射望遠鏡である。この望遠鏡は、一九九九年に、一〇時間程度の長時間露光によって「かみのけ座」と「うしかい座」の中ほどの、星がほとんどない領域を撮影し続け、一〇〇億光年を超える遠方の銀河をとらえた。その後、二〇一四年には、一三一億光年先の銀河（ビックバンから七億年後の銀河）をとらえている。

94　本書一〇九頁。

95　所有権概念の歴史的変遷については、加藤雅信『「所有権」の誕生』（三省堂、二〇〇一年）、松尾弘「日本における土地所有権の成立―開発法学の観点から―」慶應法学四一号（二〇一八年）九三頁以下参照。

96 ファインマン＝レイトン＝サンズ（砂川重信訳）『ファインマン物理学Ⅴ』（岩波書店、一九七九年）六頁。

97 J・グリビン（櫻山義夫訳）『シュレーディンガーの子猫たち　実在の探究』（シュプリンガー・フェアラーク東京、一九九八年）一二頁。

98 HUGH EVERETT Ⅲ, 〝*Relative State*〟*Formulation of Quantum Mechanics*, Reviews of Modern Physics, vol. 29, 1957, pp.454-462.

99 A. EINSTEIN, B. PODOLSKY & N. ROSEN, *Can Quantum-Mechanical Description of Physical Reality Be Considered Complete?*, Physical Review, vol. 47, 1935, pp.777-780.

100 J・V・ノイマン（井上健ほか訳）『量子力学の数学的基礎』（みすず書房、一九五七年）三三二頁以下。

101 EUGENE P. WIGNER, *Remarks on the Mind-body Question*, The Scientist Speculates, Irving John Good (ed.), Heinemann, London, 1961, pp.284-302. なお、ウィグナーは、密室の中で灯りが点灯したかどうかを友人に確認してもらい、自分は別室で友人からの電話を待つという設例の中で、私の波動関数の確定は、友人から電話があったとき（情報が私の意識に入ったとき）になされるとしている。しかし、後述するように、私見によれば、意識とは全体意識であって、灯りの点灯という事象についての波動関数の確定は、灯りが点灯したとき（すなわち全体意識によって点灯が認識されたとき）になされるのであって、友人から灯りの点灯を知らされたときになされるのではないと思われる。

102 アインシュタイン（内山龍雄訳）『相対性理論』（岩波文庫、一九八八年）二〇頁。

103 澤登佳人『宇宙超出論　人生のむなしさを超えて』（白順社、一九九〇年）一一九頁、同『反自殺・反脳死論』（白順社、一九九四年）一一九頁、同『生命とは何ぞや　生と死の総合科学的解明』（現代人文社、二〇〇九年）九六頁。

104 たとえば、リチャード・ウォルフソン（柴田晋平ほか訳）『アインシュタインは朝飯前―タイムトラベル夢飛行―』

（愛智出版、二〇〇四年）一二九頁、二〇七頁、恒岡美和『明解相対性理論入門』（聖文新社、二〇〇三年）四四頁以下など。

105 J・C・リリー（菅靖彦訳）『意識の中心─内的空間の自叙伝』（平河出版社、一九九一年）四二頁。

106 ジェフリー・ロング＝ポール・ペリー（河村めぐみ訳）『臨死体験　九つの証拠』（ブックマン社、二〇一四年）一二頁。また、マイクル・B・セイボム『新版「あの世」からの帰還─臨死体験の医学的研究』（日本教文社、二〇〇五年）も参照。なお、ライフ・レビューとは、自分の人生のすべての場面が強い感情を伴って再体験されることをいう。興味深い点として、自分の視点だけではなく、相手方の視点から出来事を再体験したと述べる者も多く、過去に自分が他人を傷つければ、傷つけられた他者の視点からその体験を味わうという。また、心理学の分野では、パノラマ視現象とも呼ばれる。

107 木内鶴彦『「臨死体験」が教えてくれた宇宙の仕組み』（普遊舎、二〇一四年）五二頁。

108 エベン・アレグザンダー（白川貴子訳）『プルーフ・オブ・ヘブン　脳神経外科医が見た死後の世界』（早川書房、二〇一三年）五六頁。

109 立花隆『臨死体験　下』（文春文庫、二〇〇〇年）四二六頁以下。

110 ダニオン・ブリンクリー＝越山雅代『「死後の世界」を知れば、人生が輝き始める』（KKロングセラーズ、二〇一五年）二五頁。

111 エベン・アレグザンダー・前掲注（108）六四頁。

112 アニータ・ムアジャーニ（奥野章子訳）『喜びから人生を生きる！』（ナチュラルスピリット、二〇一三年）一一三頁。

113 高木善之『転生と地球』（PHP研究所、一九九七年）一〇九頁。

114 エベン・アレグザンダー・前掲注（108）一〇一頁。

115 ジェフリー・ロング＝ポール・ペリー・前掲注（106）二三二頁。

116　J・C・リリー・前掲注（105）八七頁。

117　斎藤忠資「臨死体験における統合的全体意識について」（http://home.hiroshima-u.ac.jp/tadasi/, last visited May 31, 2021.）。本論文では、意識が全体につながっていく多くの例が紹介されている。また、石井登『臨死体験研究読本　脳内幻覚説を徹底検証』（アルファポリス、二〇〇二年）一〇〇頁以下も参照。

118　エベン・アレグザンダー・前掲注（108）一一〇頁。

119　アニータ・ムアジャーニ・前掲注（112）一一五頁。

120　エベン・アレグザンダー・前掲注（108）一一二頁。

121　鈴木秀子『臨死体験　命の響き』（大和書房、二〇〇五年）一六頁。

122　ハワード・ストーム（ロイド美代訳）『臨死　そして与えられた二度目の人生』（リーハイバレー・ジャパニーズ・ミニストリーズ・メディア、二〇一五年）八三頁。

123　エベン・アレグザンダー・前掲注（108）六七頁。

124　同一三四頁。

125　E・キューブラー・ロス（伊藤ちぐさ訳）『死後の真実』（日本教文社、一九九五年）一一九頁。

126　アニータ・ムアジャーニ・前掲注（112）一〇五頁。

127　エリック・メドフス＝エリーサ・メドフス（峰岸計羽訳）『死は終わりではない』（きこ書房、二〇一七年）。

128　チャネリングエリック https://channelingerik.com, last visited May 31, 2021.

129　臨死体験の医学的研究として、マイクル・B・セイボム（笠原敏雄訳）『新版「あの世」からの帰還―臨死体験の医学的研究』（日本教文社、二〇〇五年）、サム・パーニア（小沢元彦訳）『科学は臨死体験をどこまで説明できるか』（三交社、二〇〇六年）、Sam Parnia and others, AWARE—Awareness during Resuscitation—A prospective study, DOI : http://dx.doi.org/10.1016/j.resuscitation.2014.09.004, Resuscitation, vol. 85, Issue12, 2014, pp.1799-1805. など参照。

130 エベン・アレグザンダー・前掲注（108）一〇八頁。
131 思考は脳が行なうのではない点について、沢登佳人『本能知と理知―見えてきた生命の実体』（白順社、二〇〇三年）二四四頁以下参照。とりわけ大脳皮質の機能については同書二六〇頁以下参照。
132 時間は人間が生み出すものだという点について、カルロ・ロヴェッリ（冨永星訳）『時間は存在しない』（NHK出版、二〇一九年）、ジュリアン・バーバー（川崎秀高＝高良富夫訳）『なぜ時間は存在しないのか』（青土社、二〇〇〇年）参照。
133 私たちが時間という観念を持つことができる点については、沢登佳人『存在と文化　第一巻』（風媒社、一九七一年）二頁以下参照。
134 鷲谷いづみ『さとやま―生物多様性と生態系模様』（岩波ジュニア新書、二〇一一年）参照。
135 武内和彦ほか編『里山の環境学』（東京大学出版会、二〇〇一年）八三頁以下。
136 アニータ・ムアジャーニ・前掲注（112）一七五頁。
137 本書において「全体意識の知恵」と呼んできたものを、沢登佳人は、「統一的意味連関を参照する」という言い方で説明している。「統一的意味連関」については、澤登佳人『宇宙超出論　人生のむなしさを超えて』（白順社、一九九〇年）七七頁以下参照。
138 木内鶴彦・前掲注（107）一三二頁。
139 キューブラー・ロス・前掲注（125）四六頁。
140 ハワード・ストーム・前掲注（122）二二六頁。
141 プラトン（藤沢令夫訳）『国家（下）』（岩波文庫、一九七九年）一一二頁。
142 同一一五頁。
143 中村元＝早島鏡正＝紀野一義訳注『浄土三部経（上）』（岩波文庫、一九九〇年）五七頁以下、同じく、『浄土三部経（下）』一一三頁以下。

144 同『浄土三部経（上）』六三頁以下、『浄土三部経（下）』一二二頁以下。

145 同『浄土三部経（下）』一七頁以下。また、わが国の浄土思想の原点である『往生要集』においても、いかに極楽（安楽国土）に生まれ、いかに阿弥陀仏を観想するかということが、その主題のひとつとなっている（源信〔石田瑞麿訳注〕『往生要集（上）』〔岩波文庫、一九九二年〕二〇六頁以下）。

146 中村元訳『ブッダのことば　スッタニパータ』（岩波文庫、一九八四年）一四三頁。

147 同一九六頁。

148 W・ハイゼンベルク（河野伊三郎＝富山小太郎訳）『現代物理学の思想』（みすず書房、一九六七年）、ニールス・ボーア（井上健訳）『原子理論と自然記述』（みすず書房、一九九〇年）、エルヴィン・シュレーディンガー（中村量空訳）『精神と物質』（工作舎、一九八七年）、E・シュレーディンガー（岡小天＝鎮目恭夫訳）『生命とは何か』（岩波文庫、一九五一年）など参照。

149 D・ボーム（井上忠ほか訳）『全体性と内臓秩序（新装版）』（青土社、一九九六年）一二頁以下。また、この考え方を分かりやすく説明するものとして、天外伺朗『宇宙の根っこにつながる生き方』（サンマーク出版、一九九七年）七二頁以下参照。

150 アニータ・ムアジャーニは次のように述べる。「私は、自分の人生が、これまで出会ったすべてのものの中に複雑に織り込まれているとわかりました。私の体験は、無限に広がるタペストリーの、壮大で色とりどりなイメージを織りなす一本の糸のようなものでした。他の糸や色はすべて、私の人間関係を表しており、私が関わったあらゆる人生でした。私の母、父、兄、夫、そして、ポジティブあるいはネガティブなやり方で私の人生に現れた、あらゆる人たちを表す糸がありました。」（アニータ・ムアジャーニ・前掲注（112）一一〇頁）。

151 C・C・ユング（林道義訳）『元型論〈増補改訂版〉』（紀伊国屋書店、一九九九年）一二頁。

152 同二九頁。

153 同一〇八頁、二三六頁。

154 JOHN MARKOFF, *What the Dormouse Said : How the Sixties Counterculture Shaped the Personal Computer Industry* 2005.

155 喜多千草『インターネットの思想史』（青土社、二〇〇三年）一七一頁以下。

156 https://bitcoin.org/ja/bitcoin-paper, last visited May 31, 2021.

157「共同幻想」とはこのことを述べたものと思われる。吉本隆明『改訂新版　共同幻想論』（角川ソフィア文庫、一九八二年）三七頁。

158 中村元訳『ブッダの真理のことば　感興のことば』（岩波文庫、一九七八年）三七頁。

159 アニータ・ムアジャーニ・前掲注（112）二〇五頁。

160 沢登佳人『生命とは何ぞや　生と死の総合科学的解明』（現代人文社、二〇〇九年）五〇頁以下。

161 白川静『文字逍遥』（平凡社、一九九四年）一二頁。

162 同一〇頁。

163 プラトン（向坂寛ほか訳）『プラトン全集⒀　ミノス・法律』（岩波書店、一九七九年）四二四頁。

164 エーリッヒ・フロム・前掲注（11）二八六頁。

165 上田和夫訳『小泉八雲集』（新潮文庫、一九七五年）三六八頁。

166 沢登佳人『存在と文化　第一巻』（風媒社、一九七一年）八六頁。

あとがき

本書では、人権の考察からはじめて、その根底にある人間の尊厳性について検討し、最後に、人間が尊厳であることの究極の理由について述べてきました。とくに第3部は、常識とは相当にかけ離れた世界観を提示していますので、その内容を理解することが難しかったと思います。

実は、この考え方は私の独創ではありません。沢登佳人の提唱する「自己超出論」「宇宙超出論」という考え方の一部を私の問題関心から再構成したものです。しかし、本書は、著者独自の視点から話を進めていますので、宇宙超出論では語られていない内容も相当に含まれています。ですから、本書は宇宙超出論の解説にはなっていません。

それでは、そもそもの宇宙超出論とはどのような思想なのでしょうか。宇宙超出論では、物と心の一元的把握という観点から、「生命は自己超出（新たな自分自身の発見・創造）である」、「物質とは未来の諸可能性である」といった極めてユニークな思想を展開しています。そのポイントは以下の三点にまとめられます。

（1）生命は、未来の諸可能性である物質の中から、過去体験の統一的意味連関を参照して、特定の一つを意思的に選んで認識（定在化）することを繰り返して自己超出をする。これが生命の実体である。

(2)生命は個々の生物に個々に宿るものではない。全生物個体・全生物種が共有する一つの生命が、個体ごとにそれぞれが、独自個性的でかけがえのない生命活動と自己超出を行っている。そして、それらすべての生命活動＝自己超出が相互補完関係で結びついて、生態系の自己超出すなわち生態系全体の全面的進化を行っている。

(3)生命は物質宇宙を次々に創り替えてはそこに新たな生物・生態系を創り、生物・生態系の生命活動＝自己超出を通じて無限に自己超出する。

以上が「自己超出論」、「宇宙超出論」の概要です。少し難解だと感じられたと思います。しかし、少しでも興味を持たれたならば、また、生命の全体構造を解明した宇宙超出論の全貌を知りたいと思われたならば、ぜひ、直接、以下の著作を手にとっていただきたいと思います。

沢登佳人『存在と文化　第一巻・第二巻・第三巻』(風媒社、一九七一年)
同　『権力止揚論』(大成出版社、一九八一年)
同　『宇宙超出論―人生のむなしさを超えて』(白順社、一九九〇年)
同　『宇宙超出への道―永遠のいのちをたずねて』(白順社、一九九二年)
同　『臓器移植と人間の生命』(白順社、一九九九年)
同　『本能知と理知』(白順社、二〇〇三年)

同　『生命とは何ぞや　生と死の総合科学的解明』（現代人文社、二〇〇九年）
同　『自己超出する生命　生命の尊厳と人間の責任』（現代人文社、二〇一二年）

追記　本書の校正段階に入った二〇二一年四月一五日午後一〇時四〇分、沢登佳人先生が九三年のご生涯を閉じられました。「あとがき」に記したとおり、本書は、沢登先生の思想を私の視点からまとめ直したものです。先生のご学恩に感謝申し上げるとともに、「宇宙超出論」「自己超出論」の思想が広く世に知られることを願い、本書を先生に捧げさせていただきます。

著者紹介

高内寿夫（たかうち　ひさお）

國學院大學法学部教授（法学博士）

1959年、栃木県生まれ。1981年、新潟大学法文学部法学科卒業後、國學院大學大学院法学研究科博士後期課程単位取得退学、1989年、立教大学法学部助手、白鷗大学法学部専任講師、同助教授、同教授、國學院大學法科大学院教授などを経て、2018年より現職。

主要著書

『公判審理から見た捜査』（成文堂、2016年）

人権の精神

――私たちが理解すべきただひとつのこと――

2021年7月20日　初版第1刷発行

著　者　高　内　寿　夫

発行者　阿　部　成　一

〒162-0041　東京都新宿区早稲田鶴巻町514番地

発行所　株式会社　成　文　堂

電話 03(3203)9201　Fax 03(3203)9206

http://www.seibundoh.co.jp

印刷・製本　三報社印刷

ISBN 978-4-7923-6120-4 C0030

定価（本体2400円＋税）